FALTPLAN

»Schreiben Sie uns!

Wir hoffen, dass Ihnen dieser Reiseführer gefällt und er Ihnen ein guter Begleiter auf einer außergewöhnlichen und spannenden Reise ist.

Weil ein Reiseführer von Erfahrungen lebt, sind wir an Ihren Erlebnissen interessiert: Haben Sie im Buch ein Restaurant entdeckt, das es nicht mehr gibt, eine Sehenswürdigkeit, die wir noch nicht aufgeführt haben, oder eine falsche Adresse? Dann schreiben Sie uns!

Wir nehmen jeden Hinweis und jede Kritik ernst und arbeiten kontinuierlich daran, die Bücher aktuell zu halten und immer weiter zu verbessern. Auch wenn wir nicht jeden Wunsch erfüllen können, machen wir uns immer Gedanken über Ihre Anmerkungen.

Schreiben Sie an: info@reise-know-how.de oder Reise Know-How Verlag Peter Rump GmbH, Postfach 140666, 33626 Bielefeld

Wenn sich Ihre Infos direkt auf das Buch beziehen, bitten wir um die Angabe der Seitenzahl und der Auflagennummer bzw. des Erscheinungsjahres. Besonders hilfreiche Beiträge belohnen wir mit einem Sprachführer Ihrer Wahl aus unserer „Kauderwelsch"-Reihe.

Herzlichen Dank und gute Reisen
Ihr Reise Know-How Verlag

Diesem Buch wurde hier ein herausnehmbarer Falt
Sollte er beim Erwerb des Buches nicht mehr vorha
chhändler nach.

Liebe Leserin, lieber Leser,

ein unabhängiger Verlag für unabhängig Reisende – das sind wir, der Reise Know-How Verlag aus Bielefeld, eines der letzten Familienunternehmen in der Branche. Obwohl wir zu den größten Reiseführerverlagen Deutschlands gehören, ist der familiäre Umgang miteinander in allen Bereichen des Verlagslebens zu spüren: In der Geschäftsführung in zweiter Generation, in einer wertschätzenden Arbeitsatmosphäre, in der Nähe zu unseren frei arbeitenden Autorinnen und Autoren, im engen Austausch mit unseren Leserinnen und Lesern – und auch in der Zusammenarbeit mit Druckereien in Deutschland, in denen wir ausschließlich und regional unsere Bücher produzieren. Die sollen schließlich erst mit Ihnen auf große Reise gehen.

Alles, was wir in unsere Bücher und Landkarten stecken, soll Ihnen eines ermöglichen: Auf Ihre ganz eigene, individuelle Weise die Welt zu entdecken. Wir wünschen Ihnen viel Freude und unvergessliche Erlebnisse mit diesem Reiseführer.

Es grüßen herzlich
Peter Rump & Wayan Rump

Willkommen auf den Kvarner Inseln

Jeden Frühsommer das Gleiche: Anfang Juni werden wir unruhig und suchen nach einem vernünftigen Vorwand für einen Kurztrip auf die Kvarner Inseln. Von München aus ist das ja nur ein Katzensprung und als Reisejournalisten fallen uns natürlich viele Vorwände ein. Zum Beispiel: Jetzt ist die beste Zeit, um Delfine zu beobachten; in Lošinj beginnt die Saison der köstlichen Kvarner Scampi; noch sind die Strände, Campingplätze und Restaurants nur spärlich besucht; Staus an den Fähranlegestellen sind auch nicht zu erwarten.

Wir fahren also los, setzen fünf Stunden später nach Cres über und tauchen in den besonderen Duft der Insel ein: Rosmarin, Salbei, Thymian, die ersten Zistrosen und Lavendel erfüllen die Luft mit ihrem herben Wohlgeruch. Am Himmel ziehen Gänsegeier ihre Kreise über der Tramuntana, während wir die lange, schmale Insel von Nord nach Süd durchqueren und uns eine Ferienwohnung oder einen Zeltplatz für die nächsten Tage suchen. Auf das wilde Cres folgt das liebliche Lošinj mit seinen Hafenrestaurants und K.-u.-k.-Villen, dann gehts nach Krk zum Baden in die Bucht von Baška 58 und zum Abschluss genießen wir ein, zwei Tage in Rabs bezaubernder Inselhauptstadt 62.

Aufgetankt mit Aromen der blühenden Macchia, berauscht von Sonnenuntergängen und Inselpanoramen kehren wir heim. Im Gepäck sind Schinken, Käse, Wein, der erste Sonnenbrand und die Erinnerung an dieses kristallklare Meer in karibischem Türkis, das es so nirgendwo sonst in Europa gibt. Also nichts wie hin!

Die Autoren

Daniela Schetar ist im ehemaligen Jugoslawien geboren und verbrachte glückliche Kindheits- und Jugendsommer an der kroatischen Küste – mal in Istrien, mal in Dalmatien weiter südlich, am häufigsten jedoch auf den Kvarner Inseln. **Friedrich Köthe** teilt die Leidenschaft seiner Frau für die Landschaften, die Küche und vor allem das einzigartige Meer im Kvarner Golf, den die beiden Reisejournalisten unzählige Male bereist haben. Bei Reise Know-How haben die Autoren zahlreiche Reisehandbücher, Städte- und Inselführer veröffentlicht – von Namibia über Madeira bis Dubrovnik.

Die kroatischen Insel haben es ihnen besonders angetan. Nach einem Insel-Trip über die Eilande Brač und Hvar verraten sie nun im vorliegenden Band ihre besten, in Jahrzehnten gesammelten Tipps für die Kvarner Inseln.

009kv-fk

Unsere

002kv-fk

26 Veli Lošinj, Lošinj [D16]

Wenn wir an diesem schmalen, tief in das Städtchen greifenden Meeresarm stehen, kommen uns Bilder eleganter Segelschiffe in den Sinn, die von hier in See stachen. Bilder von Kapitänen, deren Sehnsucht bei der Umfahrung des Kap Hoorn einzig der Rückkehr in dieses Puppenstubenstädtchen galt und die hier ihre Villen fürs Alter errichteten (s. S. 46).

004kv-fk

64 Gornja ulica, Rab [H12]

Kirchturm hinter Kirchturm – was die Herrscher über Rab wohl dazu veranlasst hat, Klöster und Gotteshäuser dicht an dicht entlang der höchstgelegenen Gasse der Inselhauptstadt zu errichten? Sicher wussten sie nicht, dass sie damit ein unverwechselbares Wahrzeichen schufen – und einen bezaubernden Ort zum Bummeln mit einer Pause unter dem „Freiheitsbaum" (s. S. 96).

005kv-fk

Tematski Vidikovac Providenca auf Lošinj [D16]

Es gibt wohl keinen schöneren Aussichtsbalkon mit Fernsicht über Veli Lošinj 26, Susak 32, Srakane, Unije 34, den Gebirgszug Osoršćica 17, Punta Križa 15 und den Velebit bis hinüber nach Istrien – und dazu auch noch leckeres Essen und Drinks von der Lounge-Bar, die im Sommer hier öffnet (s. S. 45).

007kv-fk

Zipline Edison an Krks Treskavac-Pass [G7]

(Fast) frei wie ein Vogel über der Insel schweben – ein herrliches Abenteuer in mehreren Etappen mit fantastischem Ausblick über Inseln und Meer. Die rumpelige Anfahrt im offenen Truck bildet den Anfang, danach gehts Schlag auf Schlag: Auf den Startturm geklettert, eingehakt und ab geht die Post (s. S. 85)!

Lieblingsorte

Strand Sv. Ivan, Cres [B9]

Zugegeben, es ist recht beschwerlich, nach einem herrlichen Badetag die rund 400 Höhenmeter von dieser blendend weißen Traumbucht unter steilem Fels nach Lubenice 11 hinaufzusteigen, aber die Erinnerung an das unglaublich durchsichtige Meer gibt Energie. Deutlich bequemer ist hingegen die An- und Rückfahrt per Taxiboot (s. S. 23).

001kv-fk

Volsonis & Secret Garden, Krk-Stadt 46 [E7]

Vor allem ein In-Treff junger Leute, aber natürlich sind auch ältere Semester in dieser zwischen historischen Mauern verborgenen Oase gern gesehen. Ganz gleich, ob tagsüber zu einem Espresso, abends auf eine Pizza oder nachts für einen Absacker – die Stimmung ist stets gut und ausgesprochen entspannt (s. S. 77).

003kv-fk

21 Muzej Apoksiomena [D16]

Hier trifft man auf den „schönsten Jüngling der Antike", den 2000 Jahre alte Apoksiomen, der einst bei einem Sturm über Bord eines griechischen Handelsschiffs ging und seitdem die Unterwasserwelt vor Lošinj beglückte. Entdeckt, gehoben und restauriert erstrahlt er nun in seiner ganzen antiken Herrlichkeit (s. S. 40).

006kv-fk

Der bezaubernde Laden Drevno pero in Cres-Stadt 4

Die Familien-Manufaktur schmückt Tagebücher, T-Shirts und Keramik mit Cres-typischen Motiven. Da weiden Schäfchen auf Tagebüchern, Olivenbäumchen breiten ihre Äste auf T-Shirts aus und Eidechsen flitzen über Strandtücher. Toll, weil aus heimischer Produktion, authentisch und frech (s. S. 21).

008kv-fk

Inhalt

Bewertung der Sehenswürdigkeiten
★★★ nicht verpassen
★★ besonders sehenswert
★ wichtig für speziell interessierte Besucher

Planquadrat im Kartenmaterial
[A1] Orte ohne diese Angabe liegen außerhalb unserer Karten. Ihre Lage kann aber wie die aller Ortsmarken mithilfe der begleitenden Web-App angezeigt werden (s. Anhang).

Updates zum Buch
www.reise-know-how.de/inseltrip/kvarner24

Kleine Kapelle am Wegesrand auf Ilovik 31, die den Auswanderern der Insel gewidmet ist (Foto: 027kv-fk)

KAPELICA
LURDSKE

Benutzungshinweise

Orientierungssystem

Die in den folgenden Kapiteln beschriebenen Attraktionen sind mit einer **fortlaufenden magentafarbenen Nummer** gekennzeichnet, die sich als Ortsmarke im Faltplan wiederfindet. Steht die Nummer im Fließtext, verweist sie auf die Beschreibung dieser Attraktion.

Die Angabe in **eckigen Klammern** verweist auf das Planquadrat im Faltplan. Beispiel:
64 Gornja ulica ★★★ [H12]

Alle weiteren Points of Interest wie Unterkünfte, Restaurants oder Cafés sind mit einer Nummer in **spitzen Klammern** versehen. Anhand dieser eindeutigen Nummer können die Orte in unserer speziell aufbereiteten Web-App unter www.reise-know-how.de/inseltrip/kvarner24 lokalisiert werden (s. S. 144).
Beispiel:
› **Televrin** €€€ <43>

Geografische Angaben und Abkürzungen

autobusni kolodovor	Busbahnhof
bez broja (bb)	ohne Nummer (keine Hausnr.)
cesta	Straße
crkva	Kirche
otok (o.)	Insel
placa	Platz
prilaz	Zugang/Zufahrt
put	Weg, kleine Straße
riva	Uferpromenade (ital.)
šetalište (šet.)	Promenade
Sveti/Sveta (Sv.)	Heilige/r
trg	Platz
ulica (ul.)	Straße/Gasse
uvala	Bucht

Preiskategorien

Gastronomie

Die Preise gelten für eine Hauptspeise ohne Getränke:

€	bis 12 €
€€	12–18 €
€€€	18–25 €
€€€€	über 25 €

Achtung: Fisch kostet fast überall dasselbe, meist zwischen 45 und 60 €/Kilo (außer in Edelrestaurants der €€€€-Kategorie, da ist er teurer). Da er nach Kilogramm berechnet wird, sollten Sie genau darauf achten, wie groß das Tier ist, das Sie bestellen.

Unterkünfte

Die Preise gelten für ein DZ mit Frühstück:

€	bis 70 €
€€	70–110 €
€€€	110–160 €
€€€€	über 160 €

Achtung: Die Preisschwankung zwischen Haupt- und Nebensaison ist sehr hoch. Der Bewertung liegen die Preise der mittleren Saison, etwa Mai/Juni, zugrunde.

Vorwahlen

- **Kroatien:** 00385
- **Deutschland:** 0049
- **Österreich:** 0043
- **Schweiz:** 0041

Der Schmetterling …

… zeigt an, wo man besonders gut Natur erleben kann oder Angebote im Bereich des nachhaltigen Tourismus findet.

Kinder-Tipps

Das Symbol kennzeichnet Sehenswertes, Unterkünfte und Aktivitäten, an denen auch kleine Urlauber ihre Freude haben.

Kvarner Inseln im Überblick

Die Kvarner Inseln – das sind die vier großen Eilande Cres, Lošinj, Krk und Rab im **Kvarner Golf** zwischen der Halbinsel Istrien im Westen und der kroatischen Festlandsküste im Osten. Mehrere kleinere Inseln zählen ebenfalls dazu: Ilovik 31, Susak 32 und Unije 34 sowie die unbewohnten Eilande Vele Srakane und Male Srakane.

Cres (s. S. 11) ist **ursprünglich und herb** mit seiner von Trockenmauern, Schafsweiden und uralten Hirtensiedlungen geprägten Landschaft. Mondänes Strandleben gibt es hier kaum, dafür aber Wander- und Mountainbike-Strecken, nur zu Fuß oder per Boot erreichbare Traumbuchten und Gänsegeier (s. S. 119), die am Himmel ihre Kreise ziehen.

Das südliche Nachbareiland **Lošinj** (s. S. 33) hingegen ist von dichten **Schwarzkiefernwäldern** bestanden und mit Exoten wie Palmen sowie Bougainvillea geschmückt. Tiefe, fjordartige Buchten, malerische Hafenstädte, historische Villen und herrliche Badebuchten formen auf Lošinj eine **perfekte Ferienlandschaft.** Von Lošinjs südlichster Spitze aus setzen Fährboote nach **Ilovik** über, das berühmt ist für seine Fischrestaurants. Auf die Inseln **Susak** und **Unije,** beide von Lošinj aus erreichbar, zieht es Individualisten und Menschen, die die Abgeschiedenheit zu schätzen wissen.

Die Insel **Krk** (s. S. 59) bildet das **touristische wie kulturelle Herzstück** des Archipels. Sie überzeugt mit einem großen Freizeitwert angesichts ihrer Traumbuchten und einem vielfältigen Aktivangebot wie Wandern, Radfahren, Wassersport und einer Zipline. Auf Krk herrschte das kroatische Fürstengeschlecht der Frankopanen (s. S. 73), dessen Bauten die Inselhauptstadt 46 prägen. Und

Cres: Aussichtspunkt auf dem 45. Breitengrad

011kv-fk

auf der Insel wurde mit der „Tafel von Baška“ (s. S. 86) eines der ältesten Zeugnisse der altkroatischen Kirchenschrift Glagolica entdeckt.

Die vierte im Bunde ist das wie ein Hummer geformte **Rab** (s. S. 91), das stolz ist auf zwei Besonderheiten: **echte Sandstrände** und die angebliche Erfindung des FKK. Nacktbadestrände gibt es auf der Insel nach wie vor. Zahlreich sind auch die Fahrrad- und Wanderwege, vor allem auf der dicht bewaldeten Halbinsel Kalifront 66. Rab-Stadt 62 gilt als die schönste Inselhauptstadt des Archipels.

Große Hotelanlagen sind auf den Kvarner Inseln Mangelware. Man mietet **Ferienhäuser oder Apartments** aus privater Hand, steigt in einer Pension oder einem Boutiquehotel ab oder nächtigt auf einem der zahlreichen **Campingplätze** – und das möglichst nicht in der **Hochsaison**, die Anfang, spätestens Mitte Juli beginnt und bis Ende August dauert. Dann kann es an den zumeist kleinen Badebuchten durchaus gedrängt zugehen. In der **Vor- oder Nachsaison** – Baden kann man bereits ab Mitte Juni und bis in den Oktober hinein – sind die Kvarner Inseln ein weitaus angenehmeres Ziel und auch die Preise sind deutlich niedriger.

Anreise und Inselerkundung

Am einfachsten funktioniert die Inselentdeckung mit dem **eigenen Fahrzeug** (Details zum Autofahren auf S. 123) – so lassen sich selbst abgelegene Buchten gut erreichen. Häufig verkehrende **Fähren** befördern das Auto von Insel zu Insel. Ein Personen-Fährschiff klappert zudem die Satelliten wie Susak und Unije ab, aber da diese Inseln autofrei sind, ist es schneller, den **Katamaran** zu nehmen. **Krk** ist übrigens auch **per Brücke** (s. S. 60) mit dem Festland bei Kraljevica verbunden, ebenso besteht eine **Brückenverbindung** zwischen **Cres und Lošinj** (s. S. 30).

Busse der kroatischen Gesellschaft Arriva fahren vom Festland, z. B. Rijeka, aus die größeren Inselorte an. Man kann also gut auch mit öffentlichen Verkehrsmitteln unterwegs sein.

Einen **Flugplatz**, den im Sommer auch internationale Linien anfliegen, gibt es auf der Insel Krk (s. S. 122). Für die Weiterreise lässt sich dort auch ein **Fahrzeug mieten**, das man am besten schon vorab reserviert.

Details zur An- und Rückreise und zum Fährbetrieb stehen auf S. 122, über den Busverkehr auf den Inseln informiert der Abschnitt „Busse auf den Inseln“ auf S. 131.

Inselsteckbriefe

Insel	Einwohner	Größe	Küstenlänge	Höchste Erhebung	Hauptort
Cres	2850	405,78 km²	248 km	Gorice, 648 m	Cres-Stadt 4
Lošinj	7107	74,36 km²	112,7 km	Televrina, 588 m	Mali Lošinj 18
Krk	19.286	405,78 km²	219,12 km	Obzova, 568 m	Krk-Stadt 46
Rab	8270	86,11 km²	121 km	Kamenjak, 408 m	Rab-Stadt 62
Ilovik 31	106	5,8 km²	15 km	Dida, 91 m	Ilovik
Susak 32	139	3,7 km²	12,92 km	Garba, 96 m	Susak
Unije 34	66	16,8 km²	38 km	Kalk, 138 m	Unije

CRES

012kv-fk

Mit 66 km Länge und 2–12 km Breite liegt Cres als natürliche Barriere zwischen Kvarner Golf und der offenen Adria. Es besitzt einen herberen Charakter als die Nachbareilande, auch die touristische Infrastruktur ist nicht so ausgebaut. Dafür erlebt man auf Cres noch einen **Hauch Wildnis.** Sowohl nach Osten als auch nach Westen zeigt Cres dem Meer die „kalte Schulter“: Hohe, steile **Felswände** lassen nur hier und da Raum für Buchten und meernahe Siedlungen.

Cres ist durch **zwei Fährhäfen** mit dem Festland und der Nachbarinsel Krk verbunden. Vom istrischen Brestova aus setzt man in einer knappen halben Stunde nach **Porozina** [A5] an der Nordwestküste der Insel über. Von **Merag** [D8], etwa mittig an der Ostküste gelegen, geht es in ebenfalls ca. 30 Minuten auf die Insel Krk. Das südlich an Cres anschließende Lošinj erreicht man über eine **Drehbrücke bei Osor** ⑬ (s. S. 30).

◁ *Vorseite: Ein Tauchboot wartet vor den Felsen von Beli*

▽ *Das Dorf Beli erhebt sich hoch über dem Meer*

Beli und die Tramuntana

Tramuntana heißt die **nördlichste Region** der Insel Cres. Sie ist geprägt von Fels, Macchia und wie Adlernester auf Felskuppen thronenden, uralten Dörfern. **Trockenmauern** überziehen sie mit einem steinernen Spinnennetz, das Schafweiden und Felder unterteilt. Touristischer Anlaufpunkt ist **Beli** ❶.

Gute Nerven und ein **vorsichtiger Fahrstil** sind für die rund 7 km lange, schmale, bergab mäandernde Straße vonnöten, die von dem in 370 m Höhe gelegenen Abzweig der Inselstraße hinunterführt in das knapp 100 m hoch gelegene Beli. Die Straße durchquert einen **Märchenwald** aus uralten Zerr- und Flaumeichen, Hainbuchen und Esskastanien, der durchsetzt ist mit gleißend-weißem Kalkgestein und eingezäunten Schafweiden. Beli selbst, das in den 1920er-Jahren rund 1000 Einwohner gehabt haben soll, wird heute noch von rund 35 permanent Anwesenden bewohnt. Im Sommer vervielfacht sich diese Zahl, denn die meisten Häuser werden dann an Touristen vermietet.

013kv-fk

1 Beli ★★ [B5]

Trotz Renovierung der historischen Steinbauten umgibt Beli immer noch eine fast mittelalterliche Atmosphäre.

Vom **Parkplatz** am ehemaligen Stadttor führen Gassen steil bergauf zum Mittelpunkt des Ortes mit der **Pfarrkirche,** deren Turm auch als Ausguck diente. In dem überdachten Vorraum sind Steinfragmente aus dem 9./10. Jh. mit Flechtbandornamenten ausgestellt.

Einige Häuser besitzen noch Außentreppen, die in das erste Obergeschoss führen, und eine überdachte Terrasse, bekannt als *balatura.* Auch die alte **Loggia,** in der zu Gericht gesessen wurde, ist erhalten, ebenso eine mächtige **Ölmühle** aus dem 18. Jh., die jedoch nicht frei zugänglich ist. Wer sie besichtigen möchte, fragt am besten in der Pension Tramontana (s. S. 15) nach. Etwas unterhalb des Dorfes, hinter dem Restaurant Gostionica Beli am Ortseingang, führt ein Pfad zur **Römischen Brücke (Rimski most).** Errichtet wurde diese wahrscheinlich unter Kaiser Tiberius (1. Jh. n. Chr.) als Teil der Römerstraße von Beli nach Porozina [A5], damals wie heute der Hafen im Norden der Insel. Unter römischer Herrschaft hieß Beli noch *Caput Insulae* („Inselhaupt"), was für dessen große Bedeutung in der Römerzeit spricht.

2 Beli Visitor Centre and Rescue Centre for Griffon Vultures ★★★ [B5]

Nur noch an wenigen Stellen der kroatischen Adria nisten Gänsegeier: an der Ostküste von Cres zwischen Beli und Orlec sowie auf den Inseln Krk, Plavnik und Prvić 59. Den majestätischen Vögeln ist dieses Öko-Zentrum gewidmet.

014kv-fk

Die **Aasfresser,** die mit einer Spannweite von bis zu 280 cm zu den größten Vögeln gehören, waren noch Anfang des 20. Jh. an der gesamten östlichen Adria verbreitet. Durch eine veränderte Landwirtschaft und den Rückgang der Schafzucht verloren sie jedoch nach und nach ihre Nahrungsgrundlage, verendete Schafe. Seit 1993 bemühen sich aufeinanderfolgende Initiativen, seit 2016 die NGO Priroda, um den Schutz der Geier. Das Problem: Die Geier nisten in steilen Küstenfelsen und verlieren ihre Jungen häufig durch Unfälle. Die Jungvögel stürzen durch Unachtsamkeit, zu frühe Flugversuche oder aber aufgeschreckt durch den Lärm von Booten ins Meer und ertrinken. Diese Vögel zu retten, sie gesund zu pflegen und wieder auszuwildern ist das vorrangige Ziel der zumeist ehrenamtlichen Mitarbeiter des **Rescue Centre.** Die zweite wichtige Aufgabe ist die Geierfütterung: Da die Vögel nicht mehr genügend Aas finden, legt das Rescue Centre verendete Schafe oder auch Fleischreste aus, die Metzgereien spenden.

Einführung in das Leben der Geier im Rescue Centre for Griffon Vultures

Das **Visitor Centre** residiert in den Räumen der ehemaligen italienischen Schule von Beli und präsentiert im Erdgeschoss eine interaktive **Ausstellung,** die Lebensraum, Ernährungsgewohnheiten und Vogelzüge der Gänsegeier dokumentiert. Spannend ist es, im Rahmen eines **animierten Geierflugs über Cres** zu kreisen – den Schafskadaver, den der virtuelle Geier schließlich ansteuert, würden Menschen mit bloßem Auge nicht erkennen. Der Höhepunkt des Besuchs ist natürlich die **Begegnung mit den geretteten Junggeiern,** die in einer großen **Voliere** hinter dem Haus auf ihre Rückkehr in die Freiheit vorbereitet werden. 2023 zählte man im Kvarner Golf 120 Geierpaare, davon 70 auf Cres.

› **Centar za posjetitelje i oporavilište za bjeloglave supove Beli,** Beli 4, Tel. 955061116, www.belivisitorcentre.eu, Juni–Ende Aug. tgl. 10–18, April/Mai, Sept.–Mitte Okt. Di–So 10–16, Mitte Okt.–Ende März Di–So 10–14 Uhr, Eintritt: April–Okt. 6,50 €, sonst 4 €

015kv-fk

3 Hafen und Strand von Podbeli ★★ [B5]

Noch ein paar Kurven bergab und der Hafen Podbeli („Unter Beli") ist erreicht. Attraktiv ist hier der hübsche Kiesstrand mit seinen schick renovierten Fischerhäuschen.

Belis Hauptstrand ist in der Saison stark besucht, auch von Ausflugsbooten der Nachbarinseln. Große Kieselsteine erschweren den Gang ins Wasser etwas. Der Strand überzeugt mit einer reizvollen Lage mit Blick auf das benachbarte Krk. In den Felsen Richtung Süden nisten **Gänsegeier,** weshalb man diese gelegentlich auch in der Luft kreisen sieht. Eine bescheidene **Infrastruktur** mit einfachem Restaurant bzw. Beach Bar und Kiosk sowie Verleih von Kajaks gibt es auch. Dazu findet man hier eine der wenigen kroatischen **Tauschschulen** (Diving Base Beli, s. S. 107), die Schnuppertaucher vom Strand aus zum nahen Riff führt, aber auch spannende Touren für Profis anbietet. Wer das Ganze von oben betrachten möchte, hängt sich an die **Zipline.** Im Hafen starten ferner **Bootstouren zur Geierbeobachtung** (s. Pension Tramontana auf S. 15).

Ein schmaler Pfad führt vom Strand nach Norden zu zwei weiteren, weniger stark besuchten **Strandbuchten:** ****uvala Tepla** (400 m) und ****uvala Lučice** (weitere 200 m).

› **Camping Brajdi** <001> Sv. Petar 1 a, Beli, Tel. 091 5601332, www.autokamp-brajdi.com, Stellplatz 17 €/Person, Juni–Sept. Der kleine Platz für bis zu 250 Personen hat einen großen Vor- und einen

Die ehemaligen Fischerlager im Hafen Podbeli sind heute Apartments

ebensolchen Nachteil: Die Straße hinab nach Podbeli ist für größere Fahrzeuge oder gar Anhänger nicht befahrbar. Die Lage am Meer und auf kleinen Terrassen hingegen ist außerordentlich ansprechend. Sanitäreinrichtungen etc. sind eher einfach.

› **Zipline Beli** <002> Beli 6, Tel. 092 1690449, http://beli-cres.com/de/zip-line. In 35 m Höhe schwebt man mit Geierperspektive über den Strand von Podbeli. Länge 250 m, Höchstgeschwindigkeit 50 km/h.

Strände

Die meisten Strände im Inselnorden sind **nur zu Fuß erreichbar.** Neben Belis Hauptstrand ****Podbeli** ❸ versprechen folgende Strände Badefreuden:

****Dragozetići:** Vom gleichnamig}en Dorf 7,5 km südöstlich von Porozina führt, beginnend am Friedhof, ein anfangs flacher, in der zweiten Hälfte dann steiler Pfad hinunter an die Bucht mit grobem Kies (1,7 km, 320 Höhenmeter). Interessant sind hier die Ruinen alter Fischerhäuser. Keine Infrastruktur.

****Strand von Porozina:** In der Nachbarbucht des Fährhafens. Ein kurzer Fußweg führt vom Parkplatz an die weite Bucht mit grobem Kies, die einen riesengroßen Vorteil hat: Sie ist eingerahmt von Wiese und Wald, man findet also jederzeit Schatten.

Weitere Orte in der Tramuntana

Sv. Petar [B6]

Auf der Fahrt von oder nach Beli ❶ (3 bzw. 4 km) weist ein Ortsschild nach Sv. Petar. Am **Ortseingang** der Minisiedlung um ein Kirchlein aus dem 14. Jh. erhebt sich eine mächtige, über 400 Jahre alte **Steineiche,** deren Wurzeln eine natürliche Höhle bilden.

MEIN TIPP

Pension Tramontana

Seit 1995 führen der aus Beli ❶ stammende Robi Malatestinić und seine Frau Nina die **kleine Pension außerhalb von Beli.** Aus einer einfachen Unterkunft hat sich die Tramontana (hier bevorzugt man die italienische Schreibweise gegenüber dem kroatischen Tramuntana) zu einer ökologisch und nachhaltig geführten Pension entwickelt. Die Zimmer sind schlicht, aber liebevoll eingerichtet. Das **Restaurant** ist berühmt für seine lokalen Spezialitäten wie Lamm, Wild und Fisch, dazu leckere Salate und das eine oder andere vegetarische Gericht.

Robi führt kleine Gruppen auf den **Tramuntana-Wanderwegen** (ca. 34 €/Person mit Getränken und Mittagessen). Er zeigt Gästen und Besuchern auch gerne (mit dem nötigen Abstand) die **Nistplätze der Gänsegeier** im Küstenfels (Bootstour 1½ Std., 42 €/Person bei mind. 4 Teilnehmern). Wer mag, kann sich zu einer **Lieblingsbucht** fahren und zur vereinbarten Uhrzeit wieder abholen lassen (50 €/Person). Angeschlossen ist die **Diving Base** in Strandnähe (s. S. 107).

› **Tramontana** €€€ <003> Beli 2, Tel. 099 2165011, www.beli-tramontana.com, Ostern–Nov.

Ivanje [B5] und Konac [B4]

An derselben Wegzweigung geht es auf einer Schotterstraße nach Norden in Richtung Ivanje (8 km). Die Straße ist für Autos gesperrt, die Strecke durch nahezu urwaldartige Wälder also **nur mit dem Fahrrad oder zu Fuß** zu bewältigen. Ivanje ist das nördlichste noch bewohnte Dorf der Insel Cres, 2 km weiter ist dann in **Konac** (der Name bedeutet „Ende“) Schluss. Der Blick reicht über die Bucht **uvala Bok** nach Istrien.

Auf den Berg Sis [B6]

Parkplatz und **Aussichtspunkt** am Abzweig der Straße nach Beli von der Hauptroute Porozina – Cres sind ein beliebter erster Stopp all derjenigen, die mit der Fähre von Istrien auf die Insel übersetzen. Das **Panorama** von diesem Ort namens **Križić** ist fantastisch! Er liegt in 355 m Höhe, und zwar an der **schmalsten Stelle von Cres** – die Insel ist hier gerade einmal 2 km breit. Noch dramatischer wird es, wenn man ca. 1400 m nach Norden weitergeht und den **Gipfel des Berges Sis** (639 m) ersteigt. Von diesem Aussichtspunkt sieht die Tramuntana aus wie ein Lindwurm, der sich durch die Adria auf Istrien zuwindet (einfacher Fußweg, ca. 45 Min., rot-weiße Markierung, Schotter und Felsstufen, stabiles Schuhwerk erforderlich).

Meine Tipps

Auf alten Wegen durch die Tramuntana

Sieben zwischen 1,5 und 10 km lange **Wanderwege** führen von Beli ➊ aus gut markiert durch dichte Wälder zu geheimnisvollen Höhlen, uralten Eichen, einigen der angeblich über 40 Kirchlein in diesem Gebiet und Naturschönheiten wie seltenen Orchideen. Der **Startpunkt** liegt hinter der **Pension Tramontana** (s. S. 15). Neben den allgegenwärtigen Schafen begegnet man auch Steinmardern, Wiedehopfen und mit etwas Glück sogar **Landschildkröten.** Wem die Natur nicht genug ist, der kann sich an von Menschenhand erschaffenen **Labyrinthen** (Weg der Feen, Vilinska staza) oder den **Skulpturen** des kroatischen Bildhauers **Ljubo De Karina** (* 1948 in Rijeka) auf dem Weg „Kunst in der Natur“ (Izložba povijesti i umjetnosti u prirodi) erfreuen.

016kv-fk

Wichtig sind **stabile, knöchelhohe Schuhe,** denn die Wege sind steinig und sehr holprig, sowie ausreichend Wasser und Proviant. Eine **Übersicht** mit Beschreibungen ist in der Pension Tramontana oder im Laden des Rescue Centre for Griffon Vultures ➋ erhältlich.

Kunstvolle Unterkunft

In einem umgebauten Tramuntana-Landgut, auf dem Familie Zlatkov Biolandwirtschaft betreibt, sind **zwei Ferienhäuser** zu finden. Es gibt ein Familienhaus mit 65 m² und 2 DZ sowie ein Atelier mit 800 m² Grundstück, eigenem Pool und Sauna. Daneben entstehen hier wunderschöne Schalen aus verschiedenen Hölzern, darunter Kirsche, Walnuss und Olive, die unter dem Label **Tramontana Wood Craft** vertrieben werden. Kunst spielt auch bei der Einrichtung eine große Rolle. Köstliches regionales, rustikales Essen (nur auf Vorbestellung).

› **Art Farm Filozići** €€€ <004> Filozići 9, nur über eine Schotterstraße (Abzweig von der Straße Porozina – Cres) erreichbar, Tel. 091 2886144, Facebook: tramontanawoodcraft, Vermietung über Airbnb

◁ *Geheimnisvolles Labyrinth in den Wäldern von Beli*

Cres-Stadt und die Inselmitte

Nach der rauen Tramuntana erfreuen in der Inselmitte grüne Eichen- und Kiefernwälder, gelb blühender Ginster, die lila Blüten des Lavendels und silbrige Olivenbäume das Auge. Der Übergang von der submediterranen zur **mediterranen Vegetationszone** vollzieht sich südlich des Fährhafens Merag [D8]. Zugleich verläuft hier der **45. Breitengrad**, eine Tafel an der Straße von Merag nach Vodice verweist darauf. Der zentrale Teil der Insel birgt neben **venezianischen Hafenstädtchen** und einigen **Traumbuchten** eine Besonderheit: einen großen **Süßwassersee** namens Vransko jezero (s. S. 27).

4 Cres-Stadt ★★★ [C8]

Wenige Kvarner Inselstädte haben ihr historisches Zentrum so unverfälscht bewahren können. Am besten man lässt sich in diesem Gewirr aus Gassen, Durchgängen und Höfen einfach treiben.

Aber bitte aufpassen: Oft sind öffentliche und private Bereiche nur schwer zu unterscheiden.

Die tiefe, vor der Bura (s. S. 118) gut geschützte **Bucht** von Cres-Stadt bot bereits den Schiffen der Liburner und Römer Schutz. Später drückte ihr Venedig seinen Stempel auf. Die **Altstadt** am **Mandrać** 5 genannten **Hafenbecken** wirkt nur wenig vom Tourismus berührt – natürlich nur auf den ersten Blick: Allein das Heer von Bootsmasten in der Marina spricht für die große Bedeutung, die Stadt und Bucht für **Nautiker** haben. In erster Linie kommt man nach Cres-Stadt, um sich im größten Supermarkt der Insel mit Vorräten zu versorgen, ein bisschen zu **shoppen** und in einem der **Restaurants** entlang des Mandrać frischen Fisch und den Blick auf das Treiben im Hafen zu genießen.

Man achte auf **Patrizier- und Zunftwappen** über den Eingängen, es soll über 200 dieser Symbole in der Altstadt geben. Vor allem in der **Ribarska ulica** („Fischerstraße") wird man fündig, z. B. über dem Fenster von Hausnummer 31 – hier ist ein eingemeißelter Fisch zu sehen. Südlich davon schmückt der **Palast der Familie Rodinis** aus dem 16. Jh. den hübschen Platz Pjaceta. Ihr Wappen: zwei miteinander verbundene Räder und darüber ein Stern.

5 Hafen Mandrać ★★★ [C8]

Promenade und Plätze um das tiefe, schmale Hafenbecken sind zu jeder Tageszeit Treffpunkt der Stadtbewohner, Bootscrews und Touristen. Ein Café reiht sich hier ans nächste.

Den Mittelpunkt bildet der Platz **trg Frane Petrića** mit der **Gradska loža (Loggia)** und dem **Uhrturm**, durch dessen Tor man in das schmale Gassengewirr der Altstadt gelangt. Loggia wie Turm errichteten die venezianischen Stadtherren zu Beginn des 16. Jh. Neben der Loggia verkaufen Bauern aus der Umgebung Gemüse, Obst, Honig und oft auch selbst eingemachte Köstlichkeiten wie Marmelade. Nach Süden schließt das ehemalige Hotel Cres das Hafenbecken ab. Früher stand hier der Getreidespeicher **Fontik.** Das darauf angebrachte **Relief des hl. Sidar (Isidor)**, des **Schutzpatrons** von Cres-Stadt, zeigt die Stadt des 16. Jh. in ihren Mauern.

Dahinter öffnet sich einer der hübschesten Plätze der Altstadt mit dem **Palača Arsan (Arsan-Palast)** in venezianischer Gotik und einer modernen **Skulptur,** die an den in Cres geborenen Philosophen **Frane Petrić** (1529–1597) erinnert, auch bekannt als Franciscus PatUricius. Die Ausstellung des im Palast untergebrachten **Stadtmuseums (Gradski muzej)** ist kaum der Rede wert. Aber sie bietet die Möglichkeit, die Innenräume eines Patrizierhauses vom Beginn des 16. Jh. zu besichtigen. Man beachte den Abtritt im ehemaligen Schlafzimmer!

› **Gradski muzej Cres (Stadtmuseum)**
<005> Palača Arsan, Ribarska ul. 7, Tel. 051 344963, https://creskimuzej.com, April–Mitte Juni u. Mitte Sept.–Mitte Okt. Di–Sa 10–13, Mitte Juni–Mitte Sept. auch 19–23 Uhr, Eintritt: 3 €

6 Pfarrkirche Sv. Marija Velika ★★ [C8]

Ein Gotteshaus, das im Eiltempo errichtet wurde! Als Osor 13 und seine fast fertige Kathedrale wegen der ständig grassierenden Malaria aufgegeben wurden, sollte Cres deren Rolle übernehmen.

Die Stadt besaß jedoch zu diesem Zeitpunkt keine repräsentative Kirche, also wurde auf den Platz hinter dem Uhrturm eine **Kopie der Kathedrale von Osor** hingestellt, diese war 1497 fertig. Das **Renaissanceportal** ist nahezu identisch. Im 19. Jh. brannte die „Große Maria“ ab und wurde danach originalgetreu rekonstruiert. Die meisten darin bewahrten Schätze gingen allerdings verloren. Die **Lünette** über dem Portal zeigt eine interessante Szene: Das Relief der Madonna mit Kind ist eine Kopie des 1487 angefertigten Gemäldes „Madonna degli Alberetti“ von Giovanni Bellini (1430–1516). Innen schmückt eine marmo}rne **Pietà** aus dem 15. Jh. den linken Seitenaltar.

› ul. Ante Tentora 16

7 Kirche Sv. Sidar ★★ [C8]

Ein romanisches Kleinod, gut versteckt im Gassengewirr und von Wohnhäusern geradezu umzingelt.

Das Gotteshaus stammt aus dem 12. Jh. und diente bis zum Bau der Pfarrkirche 6 als Betstätte der Inselhauptstadt. An den Ursprungsbau erinnert noch die romanische Apsis. Die Lünette über dem Portal bewacht der hl. Sidar, flankiert rechts von einem Relief der Stadt Cres und links einem **aufbäumenden Pferd** – dem städtischen **Wappen.** Die Kirche ist meist geschlossen. Sollte sie zugänglich sein, verdient die gotische Skulptur des Stadtpatrons auf dem Altar Beachtung.

› ul. Sv. Sidar bb

8 Stadtmauer und Tore von Cres ★ [C8]

Umfriedet war Cres bereits im Mittelalter. Die letzte massive Festungsanlage mit fünf Rundtürmen und mehreren Stadttoren errichteten die **Venezianer** zwischen 1500 und 1600. Sie wurde zwar im 19. Jh. abgerissen, aber ihr Verlauf ist im Stadtplan, etwa entlang der Straße **šetalište 20. Travnja**, noch deutlich abzulesen. Hier sind auch noch zwei elegante Renaissance-Stadttore erhalten: die von zwei Halbrelief-Säulen flankierte **Porta Marcella** am nördlichen Ende der Altstadt und die **Porta Bragadina** an deren Südende.

Der einzige **Wachtturm**, der den Abriss überstanden hat, erhebt sich deutlich sichtbar an der Nordwestecke der Altstadt an deren höchstem Punkt. Der Turm fungiert als **Aussichtspunkt** mit weitem Blick über Stadt und Bucht.

9 Franziskanerkloster (Samostan Sv. Frane) ★★★ [C8]

Der Konvent **südlich des Zentrums** und außerhalb der mittelalterlichen Stadtmauern 8 ist seit 1302 bezeugt. **Zwei Kreuzgänge**, ein äußerer, „großer" aus der Zeit der Renaissance und ein innerer gotischen Ursprungs, bergen Grabdenkmäler bedeutender Bürger und Geistlicher.

Das **Museum** im nördlichen Flügel des großen Kreuzgangs wird nur auf Wunsch in den Vormittagsstunden geöffnet. Es birgt Gemälde, Skulpturen, Kirchenausstattung und das kostbare Exemplar eines Messbuches, das 1494 in glagolitischer Schrift (s. S. 22) in Senj (kroatisches Festland) gedruckt wurde. Für die Franziskaner wie für die Bürger von Cres hat der **altkroatische, glagolitische Kirchenritus** eine besondere Bedeutung. Während in der Pfarrkirche 6 von Cres auf Anordnung Venedigs die Messe in lateinischer Sprache gefeiert wurde, hielten die Franziskaner am Kroatischen und dessen Kirchenschrift, der Glagolica, fest. So war der Kirchenbesuch in Sv. Frane zugleich eine stumme Demonstration gegen Venedigs Herrschaft.

› trg Sv. Frane 6, Tel. 051 571217, www.samostansvfrane-cres.hr, Museumseintritt frei, Spende erbeten

Der Hafen von Cres-Stadt ist Anziehungspunkt vieler Bootseigner

017kv-fk

Mein Tipp

Woher der Wind weht

Einen genauen Blick lohnt der **Kirchturm des Franziskanerklosters** (9). In luftiger Höhe erkennt man über den Fensteröffnungen **Steinköpfe** mit ganz unterschiedlichen Gesichtsausdrücken. Die Leute erzählen, die freundlich Schauenden symbolisieren „gute“ Luftströmungen, die bösen Gesichter stünden hingegen für Winde, die Unwetter bringen.

Strände

*__Strandpromenade von Cres-Stadt:__ Auf 2,5 km Länge erstreckt sie sich vom Hafenbecken in Richtung Westen, gesäumt von Parks, Apartments, Hotelsiedlungen und Campingplätzen. An mehreren Stellen erleichtern Einstiegshilfen den Weg ins Wasser. Es werden Liegen und Sonnenschirme verliehen oder man sucht sich einen Platz unter den Schatten spendenden Bäumen. Die beste Infrastruktur offeriert der Strand unterhalb der Hotelanlage Kimen (s. rechts).

**__Sv. Blaž:__ Der schöne Kiesstrand unterhalb des gleichnamigen, verlassenen Dorfes 7 km westlich von Cres-Stadt bietet keine Infrastruktur, dafür aber oberhalb etwas Schatten in Form von Olivenbäumen.

Infos und Reisetipps

› **TZG Cres** <006> Peškera 1, hinter der Busstation, Tel. 051 571535, www.visitcres.hr. Das Tourismusbüro von Cres-Stadt ist nicht ganz leicht zu finden. Vor Ort erhält man einen Stadtplan und eine Inselkarte mit eingezeichneten Rad- und Wanderwegen sowie Stränden.

› **Busstation Cres-Stadt** <007> Peškera 1, Verbindung auch zu kleineren Inselorten wie Beli (1) oder Lubenice (11) und auf die Insel Lošinj

Unterkünfte

› **Kimen** €€€ <008> Melin I/16, Tel. 051 573305, www.hotel-kimen.com. Ein typischer 1970er-Jahre-Bau der sozialistischen Ära in fußläufiger Entfernung zur Altstadt, aber inzwischen renoviert und modernisiert. Zusammen mit einer Dependence und Bungalows bietet das Hotel Platz für ungefähr 500 Gäste. Unterhalb des Hauses erstreckt sich ein beliebter Feinkiesstrand, der Gelegenheit zum Baden bietet.

› **Kovačine** <009> Melin I/20, Tel. 051 573150, www.camp-kovacine.com, Standardstellplatz 12–19 € je nach Saison, Erw. zusätzlich 8–19 €. Der große, schattige Campingplatz besetzt eine Landzunge westlich der Altstadt und grenzt an mehrere Feinkiesstrände, die sehr flach abfallen, also auch für Kleinkinder geeignet sind. Mit 700 Stellplätzen unter Oliven und Pinien, Mobilheimen, einem eigenen FKK-Bereich und einer kleinen Pool-Landschaft ist der Platz gut ausgestattet.

› **Rooms Piazetta** €€€ <010> Pjaceta 20, Tel. 098 215548, https://roomspiazzetta.bedsandhotels.com. Kleine, aber modern eingerichtete und gemütliche Zimmer in einem historischen Stadthaus gleich beim Stadtmuseum.

Essen und Trinken

› **Buffet Feral** €€ <011> Riva Creskih kapetana 9, Tel. 051 214344, auf Facebook, tgl. geöffnet. Ein schöner Platz für den Aperitif und gute, frische Fischküche. Die Pizza kommt aus dem Holzofen.

› **Hambi Cres** € <012> Palada 1, Tel. 051 573040, auf Facebook, tgl. geöffnet. Streetfood in bester Lage am Hafenbecken. Von buntem Salat bis Čevapčići gibt es alles, was der Magen begehrt.

› **Konoba Roza** €€ <013> Grabar 40, Tel. 051 571825, tgl. mittags u. abends geöffnet. Nicht Altstadt, nicht Hafen – diese unscheinbare Konoba liegt in einem

Wohngebiet und lässt äußerlich nicht erahnen, was Köstliches in ihr steckt: vor allem Fisch und Meeresfrüchte.

- **Riva** €€€ <014> Riva Creskih kapetana 13, Tel. 051 571107. Logenplatz am Hafen. Hier muss es zwangsläufig frischen Fisch und Meeresfrüchte geben. Die serviert das Riva seit Jahren mit gleichbleibender, hoher Qualität.

Einkaufen

- **Drevno pero** <015> ul. Creskog statuta 10, Tel. 091 3745580, www.drevno-pero.com. Der sympathische Familienbetrieb stellt Lederaccessoires, Kleidung und Schmuck mit Cres-Motiven her, etwa Olivenbaum, Geier, Schaf, Schildkröte etc. Sehr hübsch und eine Fundgrube für wirklich originelle Souvenirs.
- **Isabel** <016> trg Frane Petrića 8, Tel. 051 571804. Bei Isabel dreht sich alles um Oliven. Der nette Laden verkauft Olivenöl, Konfitüre und kunstvoll gedrechselte und geschnitzte Schalen und Mörser aus Olivenholz.
- **Mesnica Cres** <017> ul. Creskog statuta 9. Regionale Produkte von der Insel, neben Schinken und Käse auch Konfitüren, Öl, Wein und selbst gemachter Ajvar, ideal als Beilage zu Grillgerichten.

018kv-fk

Loggia und Uhrturm grüßen am Stadteingang von Cres (s. S. 17)

10 Valun ★★★ [B9]

Die tief eingeschnittene Bucht von Valun östlich von Cres-Stadt 4 ist ein beliebtes Ausflugsziel.

Mit dem **Fahrrad** erreicht man das an den steilen Hang klebende **Dörfchen Valun** von Cres-Stadt aus am Meer entlang in einer guten Dreiviertelstunde (15 km, ca. 200 Höhenmeter). Wer motorisiert unterwegs ist, lässt sein Fahrzeug auf dem **Parkplatz** oberhalb des Ortes stehen und läuft das letzte Stück bergab.

Berühmt ist Valun wegen seiner **Valunska ploča**, einer **Steintafel** aus dem 11. Jh. mit einer altkroatischen (glagolitischen, s. S. 22) und lateinischen Inschrift. Diese Steintafel diente ursprünglich als Grabplatte und fungierte später jahrhundertelang als Stützpfeiler in der Vorhalle der Kirche Sv. Marko oberhalb des Ortes. 1907 entdeckt, sollte der Stein für genauere Untersuchungen nach Wien verbracht werden. Die Valuner befürchteten jedoch, ihren Schatz nie wiederzusehen, und mauerten die Tafel in die Sakristeiwand ihrer **Pfarrkirche Sv. Marija** ein, wo er sich bis heute befindet.

Der Ort drappiert sich sehr malerisch an den steilen Hang, die **Bucht** wirkt ungemein idyllisch, das Wasser ist kristallklar. Und es duftet nach frisch gegrilltem Fisch, denn an der kurzen Uferpromenade reiht sich ein **Restaurant** ans nächste.

Bei der An- oder Abfahrt lohnt ein Stopp an der **Kirche Sv. Marko**, die sich am Abzweig der Straße in Richtung Lubenice 11 befindet. Ursprünglich fungierte sie als Pfarrkirche des Dorfes Bućevo, dessen Hafen Valun war. Von ihrem Friedhof stammt die erwähnte Grabplatte, die als Valunska ploča berühmt wurde.

Wer in Valun **baden** möchte, hüpft einfach von der Uferpromenade ins Meer oder läuft Richtung Campingplatz mit einem kleinen ****Kiesstrand.**

Wer die Gegend zu Fuß erkunden will, für den empfiehlt sich die im Buch näher beschriebene **Wanderung 1** (s. S. 109).

019kv-fk

Unterkunft

› **Zdovica** <018> Valun bb, Tel. 051 573050, https://camp-zdovica.com, **zum Zeitpunkt der Aktualisierung auf unbestimmte Zeit geschlossen.** Wer es ganz einfach mag und das Gepäck vom Parkplatz hinunter (und wieder hinauf) schleppen kann, der ist auf diesem Campingplatz richtig. Die ausgesprochen attraktive Lage in einer Bucht mit wunderbarem Dorfpanorama überzeugt.

Essen und Trinken

› **Gostionica na moru** €€€ <019> Valun 65, Tel. 051 525056. Unter den Restaurants an der Valuner Riva ist dieses besonders reizvoll am Meer gelegen. Fisch und Meeresfrüchte sind tadellos frisch, das Carpaccio von Fisch und Scampi ist unbedingt zu empfehlen.

Glasklares Badewasser lockt im Hafen von Valun 10

Glagolica

Die Grundlage der altkroatischen Kirchenschrift Glagolica entwickelte der Slawenapostel Kyrill im 9. Jh. aus dem griechischen Alphabet, um das Alte und das Neue Testament in slawische Sprachen zu übersetzen. Unter Kyrills Schülern spaltete sich diese slawische Urschrift in das heute noch in den meisten Ländern gebräuchliche Kyrillisch und die Glagolica auf. Sie fand vorrangig auf dem Gebiet des heutigen Kroatiens Verbreitung. Schon immer war die Verwendung der Glagolica mit slawisch-kroatischem Nationalbewusstsein verbunden, verstärkt noch dadurch, dass die Messe in vielen kroatischen Kirchen nicht wie üblich in Latein, sondern in altkroatischer Sprache gehalten wurde. So bekämpften sich zwei Kirchentraditionen. Die römischen Päpste verboten die altkroatische Liturgie und Venedig tat es ihnen nach. Sogar noch unter Habsburger Herrschaft galten Schrift und Sprache als aufrührerisch.

Im sozialistischen Jugoslawien geriet die Glagolica weitestgehend in Vergessenheit. Eine Renaissance erlebte die altkroatische Schrift nach der erkämpften Unabhängigkeit. Seither entstanden zahlreiche Glagolica-Denkmäler (z. B. glagolitische Skulpturen auf Krk, s. S. 85). Es wurden sogar Straßen in glagolitischer Schrift benannt, etwa in Dobrinj 41 auf der Insel Krk.

11 Lubenice ★★★ [B9]

Die schroff ins Meer ragende Landzunge westlich von Valun 10 bildet eine archaische Welt für sich. Garbin nennen sie die Einheimischen nach einem aus Südost wehenden Wind, dem sie häufig ausgesetzt ist.

Die wenigen Dörfer auf der **Landzunge Garbin** sind fast alle verlassen, lediglich einige alte Menschen nehmen das harsche Leben zwischen mageren Schafweiden, Macchia und eng mäandernden Straßen auf sich.

Dank seiner ebenso exponierten wie malerischen Lage auf einem 378 m hohen **Felssporn** über dem Meer hat das Dorf Lubenice jedoch eine andere Entwicklung eingeschlagen. Zwar lebt auch hier kaum jemand – man spricht von 20 verbliebenen, zumeist betagten Einwohnern –, aber im Sommer wird der Ort regelrecht heimgesucht von Besuchern. Die großen **Parkplätze** am Ortseingang sprechen eine deutliche Sprache, selbst Reisebusse kommen hier herauf.

Was es zu sehen gibt? Ein **uraltes Steindorf** mit Kirche (die Liburner siedelten hier wahrscheinlich schon vor 4000 Jahren), eine als einfacher Imbiss genutzte Loggia (Bufet loža), das gemütliche Gartenrestaurant, die Konoba Hibernica (s. S. 24), ein **Minimuseum**, das sich der Schäferei widmet, und zwei Stadttore. Außerdem überrascht Lubenice mit einem **grandiosen Panorama** und **zwei berühmten Stränden**, die allerdings 378 m unterhalb des Ortes liegen. Um sie zu besuchen bzw. danach nach Lubenice zurückzukehren, ist einiges an Kondition erforderlich.

› **Muzej ovčarstva (Schafzuchtmuseum)**
<020> Lubenice bb, http://muzejovcarstva.org, Juli/Aug. Mo–Fr 10–14 u. 17–20, Sa 10–14 Uhr, Eintritt frei

Strände

***__Uvala Sv. Ivan__ und ***__uvala Žanja__, Letzterer besser bekannt als **Blue Cave Beach:** Beide Strände sind weiß glitzernde Feinkiesbuchten zu Füßen hoher Felswände, das Wasser strahlt paradiesisch in Türkis. Am Blue Cave Beach schwimmt man durch einen **Felstunnel** in eine Art **Höhle mit Strand**, die von der Nachmittagssonne geradezu magisch beleuchtet wird.

Lubenice überrascht mit einer wunderschönen Lage in luftiger Höhe

020kv-fk

Beide Strände haben jedoch einen großen Nachteil: **400 Höhenmeter** liegen zwischen dem Parkplatz bei Lubenice ⓫ und dem Meer. Und es gibt keine Infrastruktur, alles muss selbst mitgebracht werden. Wer nicht viel Kondition hat, sollte sich den steilen Weg bergauf bei Hitze nicht antun. Deutlich bequemer: Von Martinšćica ⓬ aus fahren **Taxiboote** die Strände an. Der Preis ist Verhandlungssache, hin und zurück sind für ca. 45 € zu haben.

Essen und Trinken

› **Konoba Hibernica** €€€ <021> Lubenice bb, Tel. 051 525040. Lamm, meist vom Grill, gelegentlich auch aus der *peka,* einer in die Herdglut gestellten Eisenpfanne, ist die Spezialität des urigen Restaurants.

› **Namenloses Café** € <022> Mali Podol, ca. 3 km vor Lubenice. Das kleine Dorf Mali Podol nennt einen sehr originellen Kreisverkehr um einen knorrigen Maulbeerbaum sein Eigen. Und an eben diesem Kreisverkehr wirbt ein Schild für Feigeneis. Das Geheimnis dahinter: Die Schriftstellerin Claudia Heckl hat in diesem Dörfchen ihren Lebensmittelpunkt und verköstigt mit selbst Gemachtem wie Feigeneis, Minzkuchen oder Zitronen-Salbei-Saft alle, die wegen des Kreisverkehrs und der kunterbunten Kaffeehausstühle hier Halt machen.

Ostküste von Cres

Die steile, zur Insel Krk gerichtete Felsküste im Osten lässt kaum Raum für Siedlungen am Meer. Alle Orte bis auf **Merag** [D8] liegen ein gutes Stück landeinwärts im Inselinneren, von einigen führen Schotterstraßen oder Fischerpfade hinab an die Küste.

Merag, der **Fähranleger** für Krk, ist Ausgangspunkt dieser Tour abseits der Hauptrouten und wurde bereits in der Römerzeit als Hafen genutzt. Hier ist neben einem hübschen, kleinen Strand ein Karstphänomen zu bewundern: Die **Meraška jama** ist der Überrest einer Höhle, deren Decke eingestürzt ist. Schon von der See her ist dieser tiefe, üppig mit Grün bewachsene Einbruch deutlich zu erkennen. Der **Weg** zur „jama" ist **beschildert** und führt aus dem Örtchen Merag ca. 100 m bergauf nach Westen, dann nach links weitere 100 m durch den Wald. Zaun und Gatter schützen den Trichter, in den man etwa 30 Höhenmeter zum geradezu magisch anmutenden Höhlenboden absteigt. Farne und Moose umhüllen die weißen Kalksteinbrocken der eingestürzten Wände, Lorbeer und eine Vielzahl von Blütenpflanzen wie **Adria-Glockenblume** und **Zahnwurz,** die diesem besonderen Mikroklima angepasst sind, bilden eine Art Märchenwald. Durch die Enge und Tiefe des Felsschlunds sind die Temperaturen hier deutlich niedriger, die Luft ist wesentlich feuchter, was den Pflanzenwuchs befördert. Für die Wanderung sind dringend **knöchelhohe, stabile Schuhe** empfohlen, denn der Abstieg ist mehr als holprig.

Das Dorf **Loznati** [C9] weiter südlich thront ziemlich genau in der Mitte zwischen West- und Ostküste auf rund 250 m Höhe. Hungrige von nah und fern pilgern hierher, um in der **Konoba Bukaleta** den berühmten Lammbraten zu verkosten. Übrigens eröffnet sich vom Gotteshaus gegenüber ein herrlicher Blick auf das Velebit-Gebirge.

Die Bewohner des im 16. Jh. gegründeten **Orlec** [C9] stammten vom Festland und flohen vor den türkischen Besatzern auf die Insel. An der Nordmauer der Kirche warnt ein in

023kv-fk

den Putz gekratzter Spruch: „Homo, noli hic mingere nec immundari" („Mensch, verrichte deine Notdurft woanders.") Der eigentliche Grund für einen Besuch in Orlec ist der **Strand Mali bok.**

Ein faszinierender Wechsel in der Landschaft begleitet die weitere Strecke von Orlec nach Süden: Karge Steppe und die weißen Linien der **Trockenmauern** bilden die prägenden Elemente. Nach dem Zweiten Weltkrieg sollen hier noch mehr als 45.000 **Schafe** geweidet haben, heute sind es knappe 10.000.

Knapp 12 km von Orlec gen Süden drehen sich vor den beiden großen Gasthäusern des Straßendorfes **Belej** [C11] – **Taverna Gromača** und **Bistro Leut** – fast immer **Spanferkel am Spieß.** Der Ort ist berühmt für diese Spezialität und für die nahe Badebucht **Koromačna,** benannt nach dem üppig wachsenden Fenchel.

Die rund 8 km südöstlich gelegenen Dörfer **Srem, Plat** und **Verin** [D12] bilden eine Welt für sich. Auf den ersten Blick wirken sie recht archaisch, auf den zweiten sieht man vor allem luxuriöse Ferienhäuser. Aber es gibt auch noch sehr ursprüngliche Elemente: die **Kapelle Sv. Vid** zwischen Srem um Plat beispielsweise und auf der gegenüberliegenden Seite des Weges einen kleinen Teich, „lokva" genannt. Obwohl die Landschaft völlig wasserlos wirkt, halten sich permanente Wasserstellen selbst noch im Hochsommer. Sie werden von den Dorfgemeinschaften als Schafstränken genutzt und instand gehalten. In Plat endet die Schotterstraße, von dort geht es zu Fuß über privates Land (Hinweisschilder unbedingt beachten) durch Macchia hinunter an den Strand **Meli.**

› **Höhle Meraška jama** <023>

Strände

***__Mali bok:__ Von Orlec rund 2,5 km in Richtung Meer, am Friedhof vorbei zum Parkplatz. Etwas unterhalb liegt die tief eingeschnittene, meist karibisch-grün leuchtende Bucht; im Sommer gelegentlich mit Kiosk.

**__Krušćica__ heißt ein Kiesstrand ungefähr auf Höhe von Cres-Stadt. An der Straße D101 in Richtung Fährhafen Merag markieren ein Eisengatter und ein Schild jene Stelle, an der der ca. 1 km lange Weg durch dichte Vegetation in die Bucht

⌃ 400 Höhenmeter unter Lubenice findet man Badespaß mit Höhlen

beginnt. Es gibt keine Infrastruktur, dafür aber an manchen Tagen viele Boote, die von Krk herüberkommen.

Koromačna: Das Meer hat hier zahlreiche Höhlen ausgewaschen. Der Strand aus grobem Kies ist nicht bewirtschaftet. In Belej [C11] geht es rechts an der Kirche vorbei, bei der Kapelle erneut rechts und dann weitere 2 km bis zum Strand. Im Sommer kann die Straße für Autos gesperrt sein.

***Meli,** zu Fuß rund 20 Min. von Plat. Am Strand liegt Grobkies, im Meer Sand, das Wasser ist durchsichtig wie Glas. Im Sommer versorgt die Beachbar Meli Beach die Sonnenanbeter.

Essen und Trinken

› **Bistro Leut** €€ <024> Belej 49, Tel. 051 524142. Bekannte Adresse für Spanferkel am Spieß.
› **Konoba Bukaleta** €€€ <025> Loznati 9 a, Tel. 051 571606, www.ekvarner.info/uo-bukaleta. Berühmt für den Lammbraten, der nach traditionellem Rezept aus dem Brotofen kommt.
› **Taverna Gromača** €€ <026> Belej 60 a, Tel. 098 424033, https://tavern-gromaca.business.site. Spanferkel am Spieß, aber auch Lammspeisen werden hier serviert.

021kv-fk

12 Bucht von Martinšćica ★★ [B11]

An der überwiegend steilen Felsküste im Westen bildet diese liebliche Bucht eine Ausnahme: Ein **geschützter Hafen** und ein **langgezogener Strand** bieten beste Voraussetzungen für den Fremdenverkehr. Die flach abfallende **Kiesbucht** erstreckt sich rund 3 km von Miholašćica bis zur Tiha-Bucht hinter dem Campingplatz Slatina. Abschnitte mit Liegestuhlverleih, Kiosk und Beachbar wechseln sich ab mit wildem Strand. Ein ausgewiesener Bereich ist **FKK-Jüngern** vorbehalten. Wie überall auf Cres ist das **Unterkunftsangebot** auf Ferienwohnungen, einen überschaubaren Campingplatz und ein einziges Hotel beschränkt.

Allzu viele historische Sehenswürdigkeiten bietet Martinšćica nicht. Der schmucke knapp 200-Seelen-Ort entstand um **Kloster und Kirche des hl. Hieronymus (Sv. Jeronima)** aus dem 16. Jh.

Geschichtlich bedeutend ist die ehemalige **Destillerie** direkt am Meer, die heute das nette Restaurant Sidro (s. S. 28) beherbergt. Ab 1906 betrieb Andrea Linardić hier eine Destille, in der er den auf der Insel Cres üppig wachsenden Kräutern und Heilpflanzen ätherische Öle entzog. Er startete mit Immortelle *(Helichrysum italicum)* und Salbei *(Salvia officinalis)* und war schnell so erfolgreich, dass er seine Wunderöle bis in die USA exportierte. Die Verstaatlichung in den 1950er-Jahren bereitete Linardićs Unternehmen ein Ende und die Maschinen zur Destillation landeten im Meer. Drei Jahrzehnte später trat Gue-

◁ Sehenswert: das Kloster Sv. Jeronima in Martinšćica

rino Kučić in dessen Fußstapfen und baute am Rande des Ortes mit dem **Oil House** eine neue Destillerie auf. Er erweiterte das Angebot, lässt auch andere Heilkräuter ernten und destilliert eigens angepflanzte Arten wie Lavendel oder Rosmarin. Seine Frau stellt Naturkosmetik her, die sie neben den ätherischen Ölen und Olivenöl aus eigener Pflanzung sowie Pressung in einem zugehörigen Laden verkauft.

› **Oil House** <027> Martinšćica, vor dem Eingang zu Camp Slatina, tagsüber geöffnet

Strände

Neben **Martinšćica** 12 gibt es folgende Bademöglichkeiten:

***Miholašćica:** Ein schmaler Pfad am Ortseingang führt in wenigen Minuten hinunter ans Meer an einen ursprünglichen, noch wenig besuchten Strandabschnitt mit grobem Kies und Schatten spendenden Bäumen. Keine Infrastruktur.

****Ustrine:** Zum weit geschwungenen Kiesstrand führt ein rund 1 km langer, steiler Pfad vom Örtchen Ustrine [C12] hinab. Unterseeische Quellen halten das Meer hier immer ein, zwei Grad kälter als an anderen Stränden. Keine Infrastruktur.

Infos und Reisetipps

› **Taxiboot (Rent a Boat) Slatina,** Josip Šegota, AgramSub Diving/Camp Slatina (s. unten), Tel. 098 526956. Transfers zu Stränden, Taxifahrten. Josip ist sehr zuverlässig und hat korrekte Preise.

Unterkünfte}

› **Camp Slatina** <028> Martinšćica 92, Tel. 051 574127, www.camp-slatina.com, Standard-Stellplatz 7–15 €, Erw. 6–12 € je nach Saison, Juni–Sept. 280 Standplätze, 61 Mobilheime, bis zu 1600 Menschen, 25 ha Grund: Slatina ist ein sehr großer Campingplatz, das muss man mögen. Er ist ruhig auf einer Landzunge gelegen und in fußläufiger Entfernung vom Ort Martinšćica, besitzt Restaurants, eine Cafeteria, Bars und ein breites Sportangebot.

› **Sisters Homes** €€€€ <029> Vidovići 5, 280 m oberhalb (nördlich) von Martinšćica, Tel. 98257038, www.sisters-homes.com, Juni–Sept. Das fast ausgestorbene Dorf Vidovići verwandelt sich nach und nach in ein luxuriöses Resort mit Unterkünften in geräumigen Lofts (30 m²) oder großzügigen Häusern (140 m²), die alle miteinander verbunden und über einen gemeinsame Loungebereich erreichbar sind. Fantastisches Panorama. Exklusiv, aber auch ziemlich teuer.

› **Zlatni Lav** €€€€ <030> Martinšćica 18 d, Tel. 051 574020, www.hotel-zlatni-lav.com. Etwas oberhalb des Strandes gelegen, ist dieses Vier-Sterne-Hotel ein wenig aus der Zeit gefallen, was die Einrichtung angeht. Das Personal ist jedoch freundlich, die Atmosphäre entspannt, auch das Restaurant überzeugt mit Qualität.

KURZ & KNAPP

Der Vrana-See

Zwischen der Westküste und der Inselstraße R100 erstreckt sich südlich von Mali Podol der knapp 6 km² große **Vrana-See** [C10] bzw. **Vransko jezero.** Da er die **Trinkwasserversorgung** der Inseln Cres und Lošinj sicherstellt, sind seine **Ufer nicht zugänglich.** Der bis zu 70 m tiefe See ist eine geologische Besonderheit: Sein Grund liegt unter dem Meeresspiegel, seine Oberfläche hingegen 14 m darüber. Woher das absolut reine Süßwasser stammt, wurde bis heute nicht endgültig erforscht. Die früher geltende Ansicht, Quellen aus dem Velebit-Gebirge auf dem Festland würden ihn befüllen, gilt heute als falsch. Man geht davon aus, dass Regenfälle ausreichen, um seinen Wasserstand konstant zu halten.

Essen und Trinken

- **Konoba Feral** €€€ <031> Martinšćica 69 h, Tel. 091 1211331, Facebook: konobaferalilpirataloungemartinscica. Hier zählt der tolle Ausblick auf Meer und Sonnenuntergang mitunter mehr als die doch häufig wechselnde Qualität der Speisen. Am besten testet man es selbst oder kommt nur auf einen Drink in die entspannte Pirata Lounge.
- **Konoba Mareta** €€ <032> Miholašćica, Tel. 051 574325. Mareta, direkt an der Straße gelegen, ist der Platzhirsch an der Bucht. Es besitzt zwar keine besonders herausragende Aussicht, aber das Personal ist überaus freundlich, das Essen solide bis gut und die Portionen sind so riesig, dass man besser vorsichtig bestellt oder teilt.
- **Rock 'n' Net caffe Timun** €€ <033> auf dem Gelände des Camp Slatina, Tel. 051 619049, www.timun.hr. Die Beach Bar unter Bäumen erfreut sich auch bei Nicht-Campinggästen großer Beliebtheit.
- **Sidro** €€ <034> Martinšćica 37, Tel. 051 574104. Die überdachte Terrasse an der Uferpromenade ist ein großes Plus, das Essen eher einfach mit vielen Grillgerichten. Empfehlenswert für einen Drink zum Sonnenuntergang.

Osor und der Inselsüden

Knapp 65 km Luftlinie liegen zwischen dem nördlichsten und dem südlichsten Zipfel von Cres. Die südlichen 15 km sind nahezu unbewohntes Land, selbst die allgegenwärtigen Schäferdörfchen scheinen zu fehlen. Nur das geradezu städtische **Osor** (13) an der **Landenge zwischen Cres und der Nachbarinsel Lošinj** bildet eine Ausnahme, wenngleich seine große Ära bereits seit einem halben Jahrtausend vorbei ist.

(13) Osor ★★★ [C13]

Historische Architektur und moderne Kunst gehen in Osors Altstadt eine perfekte Symbiose ein.

In der Antike hieß Osor **Apsorus.** Seine **Geschichte** beginnt wahrscheinlich mit einer illyrischen Siedlung. Im Jahr 167 v. Chr. übernahmen die Römer und ab dem 6. Jh. Byzanz die Herrschaft. Mitte des 6. Jh.

Osor verschläft die heißen Sommernachmittage

022kv-fk

Der hl. Gaudentius und die Schlangen

Im 11. Jh. kämpfte der Osorer Bischof Gaudentius gegen die unmoralischen Sitten des Adels in seinem Bistum. Als er 1042 aufgefordert wurde, einen Adeligen mit seiner Cousine ersten Grades zu verheiraten, weigerte er sich und jagte den Freier aus dem Dom. Der Adel fackelte nicht lange und verbannte den Bischof aus seiner Stadt. Da soll Gaudentius jenen verhängnisvollen Fluch ausgesprochen haben, die Segenshand drohend mit drei gestreckten Fingern gegen Osor 13 erhoben: Die Stadt würde verfallen, bis nur noch drei Menschen in ihr lebten. Symbolisch, so meinen viele, hätte er mit diesem Fluch auch alles giftige Getier von der Insel verbannt – jedenfalls gibt es weder auf Lošinj noch auf Cres Giftschlangen. 100 Jahre nach Gaudentius' Tod, so die Legende, läuteten an einem 1. Juni plötzlich alle Glocken der Stadt. Als die Einwohner vor die Stadtmauer traten, hatte das Meer einen Sarg mit den Gebeinen des Heiligen angetrieben. So kehrte Gaudentius nach Osor zurück. Der 1. Juni gilt seither als Patronatstag.

wurde Osor Bischofssitz. Wann genau der Durchstich zwischen Cres und Lošinj erfolgte, ist nicht bekannt. Heute wird der **Kanal**, der Cres vom Nachbareiland Lošinj trennt, **Kavada** genannt. Als Venedig die Herrschaft über Cres übernahm, war dieser weitgehend verlandet. Da Osor regelmäßig von Malaria heimgesucht wurde – die Salzsümpfe auf Punta Križa 15 waren eine ideale Brutstätte für Mücken –, verlegte Venedig die Inselverwaltung im 15. Jh. kurzerhand nach Cres-Stadt 4. Osor existierte zwar weiterhin und erhielt sogar eine neue Kathedrale, aber die einstige Bedeutung war dahin.

Besucht man Osor heute, fühlt man sich **in ein Museum versetzt.** Kaum ein Mensch findet sich in den schmalen Gassen, die Kirchen sind in der Regel geschlossen, nur aus den Konobas dringt das Geklapper von Geschirr. Dabei soll diese bedeutende Stadt im Mittelalter mehr als 20.000 und in römischer Zeit mindestens 2000 Einwohner gehabt haben. Heute sind es rund 30.

Vom Kanal führt die Hauptgasse zum **Stadtplatz**, wahrscheinlich dem früheren Forum von Apsorus. Reste der **Stadtmauer** sind westlich, entlang der als Parkplatz ausgewiesenen Fläche, erhalten, am **Stadttor** dokumentieren die beiden geflügelten Löwen die Herrschaft Venedigs. Geschmückt ist das historische Osor mit **moderner Kunst.** Skulpturen bekannter kroatischer Bildhauer erinnern an außergewöhnliche kroatische Musiker. Gleich am Anfang rechts steht eine **Marderskulptur** auf einem Steinsockel. Mit Marderfellen, so die Chroniken, bezahlte die Stadt im 11. Jh. ihren jährlichen Tribut an Venedig. Die Urkunde, in der das festgelegt wurde, stammt aus dem Jahr 1018, das kroatische Wort für Marder lautet *kuna*. Das war bis zur Einführung des Euro 2023 auch der Name der kroatischen Währung. Marder kommen auf Cres übrigens häufig vor.

Wenige Schritte weiter erinnert ein **Denkmal** an den virtuosen Violinspieler **Franjo Krežma** (1862–1881, Skulptur von Vanja Radauš). Es steht vor der im 14. Jh. erbauten **Kirche des hl. Gaudentius (Sv. Gavdent)**, des Stadtpatrons von Osor. Im Inneren zeigt das Altarbild den Heiligen mit einem Modell der Stadt, einem Segelschiff und einer Schlange, die sich um sein Bein windet. Die Schlange und die seltsame Segensgeste der ebenfalls in der Kirche aufgestellten Gaudentius-Skulptur aus dem 15. Jh. sind Symbole aus dem legendenumwobenen Leben des Heiligen (s. S. 29). Leider ist die Kirche oft verschlossen.

KURZ & KNAPP

Die Drehbrücke von Osor

Heute überspannt eine Drehbrücke den **Osorer Kanal.** Sie wird zweimal am Tag für die **Durchfahrt von Schiffen** geöffnet, meist um 9 und um 17 Uhr. Ungewöhnlich ist die **heftige Strömung**, die im Kanal herrscht. Sie soll bis zu sechs Knoten betragen und wird bei Südwind durch Verwirbelung noch gefährlicher. Auslöser ist eine stehende Welle (franz. *seiche*), die zwischen den Uferbefestigungen hin- und herschwingt.

025kv-fk

Die rechte Seite des Stadtplatzes flankiert die dreibogige Renaissancefassade des im 15. Jh. erbauten **Doms Mariä Himmelfahrt (Katedrala Marijina Uznesenja).** Dessen Vorgängerkirche war 1379 einem Angriff der Genueser zum Opfer gefallen. Der heutige Dom wurde 1463–1498 in Konkurrenz zu dem architektonisch fast identischen Gotteshaus Sv. Marija Velika 6 in Cres-Stadt errichtet, das, obwohl später begonnen, früher fertig wurde. Die Lünette schmückt eine schlichte Maria mit Kind, auf den Giebeln halten Nikolaus (Patron der Seefahrer) und Gaudentius Wacht. Im (meist verschlossenen) Inneren birgt der Hauptaltar **Gaudentius' Reliquien.** Altäre und Gemälde stammen aus dem 16. bis 18. Jh.

Schräg gegenüber residiert die **Archäologische Sammlung (Arheološka zbirka Osor)** in der ersten Etage des ehemaligen **Rathauses.** Die meisten ausgestellten Steinfragmente wie die „Taube von Osor" stammen aus Kirchen und Klöstern der Umgebung.

Eine Zisterne, der venezianische Fahnenmast und der Bischofspalast am Stadtplatz erinnern an die einstige Bedeutung Osors.

› **Arheološka zbirka Osor** <035> Rathaus, 1. OG, Gradska vijećnica, www.muzej.losinj.hr/permanent_exhibition_azo, April–Mitte Juni, Okt. Di–Sa 9–13, Mitte–Ende Juni Di, Do, Sa 9–15, Mi, Fr, So 19–22, Juli/Sept. Di, Do, Sa 9–15 u. 19–22, Mi, Fr, So 10–13 u. 16–22 Uhr, Eintritt: 4,70 €

‹ *Erinnerung an den kroatischen Regisseur Danijel Marušić in Osor* 13

› *Die Kirche Sv. Marija mit frühchristlichen Fundamenten*

14 Sv. Marija und Hafen Bijar ★★ [C13]

Osors Geschichte war vom Hafen und Kloster geprägt. Heute erinnern Ruinen an die große Ära.

Die Hauptgasse nach Osten gehend, erreicht man die östliche Ecke des ursprünglichen Osor 13 und den Standort der ersten Kathedrale, die um das 6. Jh. errichtet und im 14. Jh. aufgegeben wurde. Heute befindet sich hier der **Friedhof** mit dem Kirchlein **Sv. Marija**, dessen Fundament das Mittelschiff des ursprünglichen Gotteshauses bildet. Die Mauerbögen zu den Seitenschiffen sind noch an der nördlichen Kirchenwand erkennbar. Interessant sind die Ruinenreste des **Baptisteriums** daneben. Deutlich ist hier noch das kreuzförmige Becken zu erkennen, in dem die Täuflinge untertauchten.

In seiner Blütezeit besaß Osor **drei Häfen: Kavala** am Kanal, **Jaz** gegenüber der Stadt (heute verlandet und als Parkplatz genutzt) und **Bijar.** Dorthin führt ein **Feldweg** von Sv. Marija aus rund 250 m nach Norden. Die gut geschützte Bucht mit den **Ruinen eines Franziskanerklosters** aus dem 15. Jh. nutzten bereits die Illyrer. Wer genau hinsieht, kann am Wasserrand einen runden Felsen erkennen, in den sich die Abdrücke der Bootsleinen eingegraben haben.

15 Punta Križa ★ [D14]

Die **Halbinsel** besteht aus einer Vielzahl hübscher Buchten, dichtem Wald, großen Olivenpflanzungen und im Grün verborgenen Schäferhäuschen, die heute von Sommerfrischlern bewohnt werden. Eine schmale Straße schlängelt sich durch diese Wildnis bis zum gleichnamigen **Dorf.** Noch ein Stück weiter nach Südosten frisst sich die **Bucht Jadrišćica** [D14] schmal und tief wie ein Fjord ins Festland ein. Hier ist hinter dem Dorf Pogana der Schlusspunkt erreicht. Die **Landspitze Punta Križa** besetzt der **FKK-Campingplatz Baldarin** (s. S. 32).

025kv-fk

026kv-fk

Seit jeher fungiert die Halbinsel als **Jagdgebiet:** Damhirsche, Hasen, Kaninchen und Wildschweine sind keine ursprünglichen Inselbewohner, sondern wurden gezielt für die Jagd angesiedelt. Vor allem in der **Dämmerung,** wenn die Tiere aktiv sind, empfiehlt sich **beim Autofahren erhöhte Vorsicht.**

Strände

***Bucht von Bijar:** Kies und Felsen wechseln sich ab. Im Sommer sorgt ein Kiosk fürs leibliche Wohl.

*****Meli** heißt eine Reihe von Sandbuchten östlich von Punta Križa, ca. 3,5 km mit dem Auto und ein paar Minuten zu Fuß. Keine Infrastruktur, dafür schattiges Grün.

Kleiner Hafen an der Nordseite der Drehbrücke (s. S. 30)

Unterkünfte

- **FKK-Camp Baldarin** <036> Punta Križa, Tel. 051 235680, www.camp-baldarin.com, Stellplatz 7–17 €, Erw. 6–12 € je nach Saison. An der Südspitze der Insel Cres campieren Freunde der Freikörperkultur ungestört auf einem großzügigen, schattigen Areal. Hunde willkommen.
- **Preko mosta** <037> Osor 8, Tel. 051 237350, www.jazon.hr, Stellplatz 8–16 €, Erw. 8–12 € je nach Saison, April–Okt. Der Platz zieht sich auf Terrassen von der Hauptstraße Cres – Lošinj am baumbestandenen Hang des Gebirgszugs Osoršćica hinauf. Mit 90 Stellplätzen recht übersichtlich, einige auch unten am Wasser, direkt am Kanal. Kein Restaurant, kein Supermarkt.

Essen und Trinken

- **Konoba Bonifačić** €€€ <038> Osor 64, Tel. 051 237413. Der große Pluspunkt ist der üppige Garten. Das Blütenmeer inmitten der grauen Altstadtmauern erfreut ebenso wie die gute regionale Küche, in der Fisch den Ton angibt.
- **Konoba Mare** €€€ <039> Osor 30, Tel. 051 677364, Facebook: KonobaMareOsor, Mo geschl. Ein bisschen Nostalgie, sehr viel Regionalität und einiges hausgemacht: Die originelle Konoba mit romantischem Innenhof überrascht neben den Standards mit ungewöhnlichen Pasta- und Fischvariationen.
- **Konoba Pogana** €€€ <040> uvala Pogana, Tel. 051 235617. Die Lage an der Bucht ist erstklassig, die kleine Terrasse thront direkt über dem Wasser. Frische Fischküche und ein sympathisches Schwesternpaar als Chefinnen.

LOŠINJ

092kv-fk

Kurze Inselgeschichte

Illyrer, Römer, Byzantiner, Venezianer – Lošinj nahm eine ähnliche Entwicklung wie Cres, war aber wegen des üppigen Bewuchses unwegsamer und wurde deshalb später besiedelt. Bis zum 12. Jh. sind auf der Isola di Ossero, der „Insel von Osor“, keine Orte erwähnt. Lošinjs Chance kam mit dem Niedergang Osors 13. Die Häfen von Mali 18 und Veli Lošinj 26 auf der südwestlichen Hälfte der lang gestreckten Insel entwickelten sich zu sicheren Ankerplätzen. In den Werften entstanden die schnellen Lošinjer Segler, die Kapitäne der Insel segelten mit diesen Drei- und Viermastern bis Amerika. 1868 soll es alleine in Mali Lošinj elf Werften gegeben haben.

Das Dampfschiff machte diesem Höhenflug in der zweiten Hälfte des 19. Jh. ein Ende, doch schon stand ein neuer Erwerbszweig in den Startlöchern: Die austro-ungarische Haute Volée entdeckte die luftklimatischen Vorteile der Insel. Die Bedingungen dafür hatte **Ambroz Haračić** (1855–1916) geschaffen. Der Botaniker und Meteorologe unterrichtete an der 1855 gegründeten Lošinjer Seefahrtsschule, richtete 1879 eine meteorologische Station ein und überzeugte mit seinen Forschungen die Regierung in Wien, die beiden Städtchen Mali und Veli Lošinj 1892 zu heilklimatischen Kurorten zu erklären. Parallel initiierte er in einer beispiellosen Aktion die Wiederaufforstung der durch Schiffsbau und Holzhandel kahlgeschlagenen Insel. Allein auf der Halbinsel Čikat 25 ließ er 500.000 Schwarz- und Aleppokiefern pflanzen, von denen immerhin 300.000 Wurzeln schlugen und heute zu ansehnlichen Baumriesen herangewachsen sind. Die milden Temperaturen, das Meeres-Aerosol und die ätherischen Öle von Kiefern, Rosmarin, Salbei sowie Lavendel schaffen ein Heilklima, das besonders Lungenkranken zugutekommt.

028kv-fk

Wie ein grünes Anhängsel haftet Lošinj an der großen Schwester Cres. Mit 31 km Länge erstreckt sich Lošinj weit und schmal in Richtung Süden – die **engste Stelle** unweit von Mali Lošinj 18 ist gerade einmal 250 m breit! Der **Gebirgszug Osorščica** 17 trägt mit **Televrina** und **Sv. Nikola** (588 m und 557 m) die höchsten Gipfel des Eilands.

Zu Lošinjs Archipel zählt außerdem eine kleine Gruppe von Riffen und Inseln, von denen nur drei – nämlich **Ilovik** 31, **Susak** 32 und **Unije** 34 – bewohnt sind. Auf **Vele und Male Srakane** [B15] zieht nur in den Sommermonaten der eine oder andere Einsamkeitsfanatiker.

Lošinj erreicht man entweder von Cres kommend über die **Drehbrücke bei Osor** 13 (s. S. 30) oder mit dem **Katamaran ab Rijeka** (s. S. 122). Eine Autofähre gibt es nicht.

Inselnorden

16 Nerezine ★★ [C14]

Das urbane Zentrum der nur dünn besiedelten Nordhälfte von Lošinj bewahrt eine alte Tradition: den Bau hölzerner Segelschiffe.

Vom Gebirgszug Osorščica 17 vor der kalten Bura (s. S. 118) geschützt, bieten mildes Klima und die relativ flache Umgebung gute Bedingungen für die **Landwirtschaft**. Die ersten Bewohner – Bauern, die Adelige aus Osor 13 hier angesiedelt hatten – lebten in weit voneinander entfernten Einzelgehöften, aus denen sich später Dörfer entwickelten und schließlich der **Küstenort** Nerezine entstand. Dies ist auch der Grund für die ausgesprochen **lockere Bebauung** und die Präsenz vieler blühender **Gärten**, die nicht nur die Peripherie, sondern auch das Zentrum prägen. Die große Ära des Schiffsbaus ist allerdings vorbei und von den zu Beginn des 20. Jh. verzeichneten 2000 Einwohnern zählt Nerezine heute nur noch knapp 400.

Nerezines **Altstadt** ist winzig und übersichtlich. Alles dreht sich um die beiden Buchten mit Hafen und Werft. Mittelpunkt ist der leicht abfallende **trg Studenac**, der Brunnenplatz. Hier liegt die Keimzelle der Stadt, denn die vom Osorščica herabströmenden Bäche vereinigten sich an diesem Ort zu einer zuverlässigen Süßwasserquelle, die in einer großen Zis-

029kv-fk

⌃ *In der Werft von Nerezine herrscht eine urige Atmosphäre*

« *Seite 33: In Nerezines Marina dümpeln Jachten und Motorboote*

‹ *Grandioser Aussichtspunkt über Lošinj in Richtung Süden (s. S. 45)*

terne gefasst wurde. Bergab geht es zum nördlichen der **beiden Hafenbecken** mit dem aus der K.-u.-k.-Zeit stammenden Bau des Hotels Televrin (s. rechts) – dessen Restaurant ist ein einladender Ort für eine Kaffee- oder Mittagspause (s. S. 37). Von hier durch schmale Gassen gen Süden flanierend, macht sich **Nerezines Werft** in der Nachbarbucht meist mit Hämmern und Sägen bemerkbar. Nach dem Vorbild der historischen *brik* entstehen dort u. a. die motorisierten Segelschiffe, die heute Touristen auf Touren durch die Kvarner Inseln befördern.

Das **Franziskanerkloster** mit schmucklosem Kreuzgang (meist verschlossen) am nördlichen Ortseingang stiftete der Adelige Kolan Draža aus Osor zu Beginn des 16. Jh. Kolan Draža sorgte auch für die Sicherheit seiner Familie und seiner Bauern: Am Fuße des Osoršćica erinnert die wuchtige Ruine des **Draža-Turms** daran, dass der Küstenstrich regelmäßig von Piraten heimgesucht wurde. Menschen und Vorräte fanden dann in dem dreistöckigen Wehrturm Schutz.

Strände

****Plaža Ridimutak (Ridimutak Beach)** 🚸: Der Strand säumt die Ostküste rund 2 km nach der Drehbrücke zwischen Osor und Lošinj und gleich hinter dem Campingplatz Kamp Lopari (s. rechts). Grober Kies in der Bucht und eine kleine Beach-Bar, SUP- und Fahrradverleih sowie gute Bedingungen fürs Kitesurfen machen ihn zu einem beliebten Anlaufpunkt von Aktivurlaubern (www.facebook.com/ridimutakbeach, Sommer tgl. 8–23 Uhr)

***Plaža Faldomak:** Ein kleiner, wilder Steinstrand an der Bucht südlich von Sv. Jakov mit großem Felsanteil, daher unbedingt Badeschuhe anziehen. Keine Infrastruktur.

****Plaža Studenac:** Diese wie ein W geformte Bucht zwischen Nerezine 16 und Sv. Jakov dient teils als Hafen, teils als Badestrand. Vor allem entlang der ins Meer ragenden Felshalbinsel lässt es sich bei Feinkies und angesichts ins Meer führender Stege gut baden. Keine Infrastruktur.

****Bucht von Studenčić:** Mit dem Auto erreicht man diese abgelegene, aber einladende Kiesbucht mit spätantiken Spuren auf der Straße in Richtung Flughafen. Nach 600 m geht rechts eine Schotterstraße durch einen Schrottplatz ab, dann nimmt man nach 400 m bei einem Wachtturm den Abzweig links und fährt 200 m bis zum Ende des Weges. Von dort sind es zu Fuß 700 m bzw. ungefähr 15 Min. Keine Infrastruktur.

Unterkünfte

› **Kamp Lopari** <041> Lopari 1, ca. 3 km nördlich von Nerezine, Tel. 051 237127, www.losinia.hr, Stellplatz um 13 €, Erw. um 8 €. Der große, schattige Platz (bis zu 1000 Pers.) zwischen Osor und Nerezine bietet bei rechtzeitiger Buchung Premiumplätze direkt am Meer. Außerdem stehen verschiedene Mobilheim-Kategorien zur Auswahl.

› **Manora** €€€€ <042> Mandalenska 26 b, Tel. 051 237460, www.manora-losinj.hr. Die moderne, im traditionellen Baustil errichtete Anlage überzeugt mit farbenfroh und freundlich gestalteten Zimmern, einem Garten mit Pool und einer 400 m entfernten Badebucht. Nachteil ist die Lage an der Durchgangsstraße oberhalb des Ortes.

› **Televrin** €€€ <043> Obala Nerezinskih pomoraca bb, Tel. 051 237121, www.televrin.com. Nett am Hafen gelegen und von angenehmer Größe mit nur 13 Zimmern und zwei barrierefreien Apartments ist das Televrin eine charmante Unterkunft mit Künstlerflair. Gelegentlich finden vor Ort Schreib- und Malworkshops statt.

Essen und Trinken

- **Gostionica Joker** €€ <044>, Sv. Jakov 3, Tel. 051 237101, auf Facebook, tgl. mittags u. abends. Klein, einfach, lecker: tagesfrischer Fisch, Oktopus-Carpaccio, knackiger Salat.
- **Televrin** €€€ (s. S. 36). Das familiäre Restaurant profitiert von der hübschen Lage am Hafenbecken. Solide, frische Küche ohne Chichi, sehr aufmerksamer Service.

17 Gebirgszug Osoršćica ★★ [B13]

Der Höhenzug mit dem 588 m hohen Hausberg von Osor 13 und Nerezine 16, dem Televrina, lässt sich auf verschiedene Weise „erobern". Am einfachsten geht es natürlich mit dem Auto, aber auch per pedes ist eine Option.

Das Fahrzeug sollte unbedingt hochbeinig und möglichst auch geländegängig sein, denn die **Schotterstraße zum Gipfel** ist extrem holprig. Der Startpunkt der Piste befindet sich auf dem Campingplatz Preko mosta (s. S. 32) auf Cres, den man gratis durchfahren darf. Auch Mountainbiker sind auf dieser Route unterwegs.

Die Straße klettert anfangs noch sanft, später dann steiler und durch dichten Wald hinauf zum Bergkamm, wo sich nach 6 km die **Berghütte Sv. Gaudent** in 274 m Höhe für eine **Rast mit herrlicher Fernsicht** auf Istrien und den Bergklotz der Učka anbietet. Von hier führt die Piste weitere 4 km am Bergkamm entlang nach Süden und überwindet abermals 300 Höhenmeter. Fels, Besenheide und windgebeugte Schwarzkiefern dominieren nun das Landschaftsbild, immer wieder eröffnet sich ein grandioses Inselpanorama. Kurz vor Ende der Straße weist ein Schild nach rechts (Westen) und steil bergab zur **Höhle Vela jama** (60 Min., Trittsicherheit und Klettererfahrung vonnöten). Hier wurden Funde aus der Altsteinzeit, darunter Werkzeuge aus Stein und Knochen, entdeckt. Auf dem mit Antennen gespickten **Gipfel Televrina** in 588 m Höhe ist dann Schluss für den motorisierten Verkehr und man fährt auf gleichem Weg zurück.

Zu Fuß lässt sich diese Tour zu einer **Rundwanderung** ausdehnen, z. B. ab Nerezine bis Osor (Wanderung 2, s. S. 109).

030kv-fk

Der Televrina erhebt sich weit über die Landschaft

Inselsüden

⑱ Mali Lošinj ★★★ [D16]

Warum Lošinjs Inselhauptstadt „Kleines Lošinj" heißt, während das nur wenige Kilometer entfernte und deutlich kleinere Veli Lošinj ㉖ „Großes Lošinj" genannt wird? Im „Kleinen Lošinj" ist jedenfalls für alle Bedürfnisse gesorgt: Eine malerische Altstadt, beste Restaurants, gute Shoppingadressen und ein faszinierendes Museum erwarten die Besucher.

Mali Lošinj zählt neben Krk-Stadt ㊻ mit 6300 Einwohnern zu den **größten Inselmetropolen** des Kvarner Archipels, aber das sieht man dem in eine **schmale, tiefe Bucht** geschmiegten Städtchen nicht an. Gegründet wurde es um das 14. Jh. von Bauernfamilien, die vor der osmanischen Besetzung des Balkans auf den Inseln Zuflucht suchten. Diese siedelten sich zunächst oberhalb der Bucht am Rande ihrer Felder an. Bereits damals gab es ein *velo selo* („große Siedlung") und ein *malo selo* („kleine Siedlung"). Wie und warum aus den Bauern Fischer, Schiffsbauer und Kapitäne wurden, darüber gibt die Geschichte wenig Auskunft. Als Mali Lošinj Mitte des 19. Jh. elf Werften zählte, besaß es die **größte Handelsschifffflotte der Adria.** Später gewann der nach wie vor wichtige **Gesundheitstourismus** an Bedeutung.

⑲ Hafenbecken von Mali Lošinj ★★★ [D16]

Der fjordartige Meeresarm zwischen den Halbinseln Čikat ㉕ und Poljana ist 3 km tief und wird durch die westlich gelegene Insel Koludarc noch um 1 km verlängert.

Dergestalt vor Winden aus Ost wie West geschützt, bietet sich Mali Lošinj als einer der **sichersten Häfen** im Kvarner Inselreich an. Am dreieckigen **trg Republike Hrvatske** endet die von Südosten in die Stadt führende Hauptstraße unmittelbar am Hafenbecken, das die schmale Bucht **uvala Baldagušt** abschließt. Ein **Springbrunnen** und der im Jugendstil errichtete **Fischmarkt** (s. S. 46) sind

031kv-fk

die beiden Sehenswürdigkeiten des von Cafés und Restaurants gesäumten, städtischen Treffpunkts. Wer den Fischmarkt in den Vormittagsstunden besucht, sieht die ganze Vielfalt der unterseeischen Lebewesen vor sich ausgebreitet – von Scampi über Seebarsch bis hin zu Seeigeln.

Nach links gehend steht, etwas nach hinten versetzt, die **Nautika,** von 1879 bis 1960 Sitz der Lošinjer Seeakademie. Das 1989 davor errichtete **Denkmal** erinnert an die Speerfischer und ihre einst sehr verbreitete traditionelle Technik des Fischfangs. Sowohl am West- als auch am Ostufer des Hafenbeckens (Priko ulica und Riva lošinjskih kapetana) lässt es sich herrlich promenieren und Luxusjachten bewundern. Natürlich ist auch das Angebot **touristischer Rundfahrten** riesig (s. S. 44).

20 Palača Fritzi mit Stadtmuseum ★ [D16]

Der Anfang des 19. Jh. errichtete und Ende des 19. Jh. erweiterte Bau diente zunächst als Sitz der Handwerkskammer und später als Pension. Heute zeigt das Stadtmuseum in den gut restaurierten Räumen – bemerkenswert ist etwa der Festsaal mit umlaufender Galerie –eine **Gemäldesammlung** italienischer Meister des Lokalmäzens Giuseppe Piperata, kroatische **Skulpturen** des 20. Jh. aus der Sammlung von Andro Vid Mihić sowie **historische Fotografien** von Dante Lussin, der Lošinj zu Beginn des 20. Jh. in Schwarzweißaufnahmen festhielt. Das bedeutendste und älteste Ausstellungsstück ist zugleich das kleinste: Die **„Dame aus Čikat“** war Beigabe eines etruskischen Frauengrabes, auf das man 1975 bei Bauarbeiten für die Villa Diana auf der Halbinsel Čikat 25 stieß. Das Figürchen stammt aus dem 7. Jh. v. Chr. und belegt, wie weitreichend die Kontakte zwischen den Illyrern auf Lošinj und benachbarter Völkerschaften wie den **Etruskern** waren.

› Vladimira Gortana 35, Tel. 051 233892, www.muzej.losinj.hr/home, Mitte März–Mitte Juni u. Mitte Sept.–Okt. Di–Fr 10–13 u. 18–20, Sa 10–13, Mitte Juni–Mitte Sept. Di–So 10–13 u. 19–22, Nov./Dez. Di–Fr 10–13 u. 17–19, Sa. 10–13 Uhr, Eintritt: 4,70 €

◁ Der venezianisch inspirierte Campanile (Glockenturm) bewacht Altstadt und Hafen von Mali Lošinj

MEIN TIPP

Spaziergang an der Riva lošinjskih kapetana

Entlang der **östlichen Hafenpromenade** sind einige historische Bauten interessant, die in der Blütezeit des **Kurtourismus** erbaut wurden: Im Hotel Apoksiomen (Nr. 1) beispielsweise empfingen ab 1902 Pension und Restaurant Hoffmann ihre Gäste. Daneben residierte im Erdgeschoss das Fotostudio von Dante Lussin, dessen historische Aufnahmen der Inseln den Wandel vom Schiffsbau zum Tourismus dokumentieren (s. Palača Fritzi 20). Hier liegt auch meist der **„Nerezinac“** vor Anker, ein **Museumsschiff** und Beispiel für die charakteristischen, in Nerezine 16 gebauten Logger (Mo–Sa 9–13 u. 18–21 Uhr). Ein gutes Stück weiter stehen zwei Häuser für die Anfänge dieser beliebten Promenade: Im Gebäude des ehemaligen Konsulats des Königreichs Griechenland residiert Mare Mare Suites (s. S. 45), ein elegantes B & B. Direkt nebenan eröffnete 1887 das **erste Hotel der Stadt** namens Vindobona.

21 Muzej Apoksiomena ★★★ [D16]

Ein ganzes Museum für eine einzige Skulptur? Ja, das geht und ist richtig spannend.

Die Hintergrundstory zu diesem **einzigartigen Exponat** steht im Exkurs unten. Menschengroße Statuen des **Apoksiomen,** eines nackten Athleten, der sich nach dem Wettkampf mit einem Schaber Öl, Schweiß und Schmutz von der Haut streift, waren im antiken Griechenland um das 4. Jh. v. Chr. sehr beliebt. 1996 wurde im Meer vor Lošinj eine **Bronzestatue** entdeckt, die solch einen Apoksiomen darstellt. Man schätzt, dass sie Mitte des 1. Jh. v. Chr. angefertigt wurde, also eine späte Kopie des ursprünglichen Motivs dargestellt. Für diesen kostbaren Fund wurde der zu diesem Zeitpunkt langsam verfallende **Palača Kvarner** zu einem eindrucksvollen Museum umgebaut. Es dokumentiert den Reichtum antiker Unterwasserfunde in der Region, bietet allerlei **Interaktives** zum Verständnis auf und führt geschickt gestaltet auf den Höhepunkt zu: den schönen Bronzejüngling in einem nur ihm vorbehaltenen, runden Raum.

› Riva lošinjskih kapetana 13, Tel. 051 734260, www.muzejapoksiomena.hr, Di–So, Mitte Okt.–Ostern 9–17, Ostern–Mitte Juni, Mitte Sept.–Mitte Okt. 10–18, Mitte Juni–Mitte Sept. 9–22 Uhr, Eintritt: je nach Saison 12 bzw. 15 €

Ein alter Grieche vor Lošinj

Als der Belgier René Wouters 1996 zu einem Tauchgang vor dem Inselchen Vele Orjule [E17] startete, erwartete er wohl nicht, auf eine Weltsensation zu stoßen. In 45 m Tiefe entdeckte er, zwischen zwei Felsen eingeklemmt, auf dem sandigen Grund liegend, eine 192 cm große griechische Statue. Erst zwei Jahre später informierte Wouters das kroatische Kultusministerium. Am 27. April 1999 gelang es einem Team von Archäologen und Tauchern, den Fund zu bergen. Kalkablagerungen hatten die Vorderseite der liegenden Statue vor Korrosion geschützt, ihr Rücken war allerdings weitgehend angegriffen, die Nahtstellen zum Kopf waren erodiert, ein Finger und die Inserts für die Augenhöhlen fehlten. Trotz dieser Schäden befand sich der Apoxyomenos, der „Schaber", in einem hervorragenden Zustand – immerhin hatte er 2000 Jahre unter Wasser verbracht. Sein Name verweist darauf, dass er den Körper mit einem Schabeisen, einem „strigilis", reinigt.

Die kurz vor der Zeitenwende angefertigten Apoxyomenos-Statuen waren sozusagen antike Raubkopien eines im 4. Jh. v. Chr. populären Athleten-Motivs, dessen Originale nicht überliefert sind. Weitere Kopien aus römischen Werkstätten stehen u. a. im Ephesos Museum in Wien und in Florenz.

Erstaunlich ist, dass der kroatische Apoksiomen offensichtlich nicht bei einem Schiffbruch über Bord ging, denn außer dem Jüngling wurden an dieser Stelle keine anderen antiken Relikte entdeckt. Womöglich warf ihn die Mannschaft ins Meer, um das Schiff zu erleichtern, das im Sturm zu kentern drohte.

Eine weitere Frage bleibt unbeantwortet: Warum wartete René Wouters zwei Jahre, bis er seinen Fund meldete? Der Finder gab dazu keine Auskunft und starb 2012 in Thailand.

22 Oberstadt von Mali Lošinj ★ [D16]

Im Gegensatz zum Hafenbereich 19 wirkt die Oberstadt gänzlich untouristisch und vermittelt Lošinjer Alltag. Östlich der Riva lošinjskih kapetana schlängen sich Gassen und Treppchen bergauf zur **Pfarrkirche Rođenja Blažene Djevice Marije** („Mariä Geburt“, Kaštel 1). Links und rechts des Weges verbirgt so manche stolze **Kapitänsvilla** ihren Garten hinter hohen Mauern. Die Kirche ersetzte im 18. Jh. das zu klein gewordene Gotteshaus Sv. Martin an der gleichnamigen Bucht 23. Der Reichtum der Lošinjer Schiffsbauer und Kapitäne spiegelt sich in ihrer üppigen Marmorausstattung. Ein interessantes Motiv zeigt das erste Altargemälde an der Nordwand: Mali Lošinj, sichtbar zwischen den Beinen des hl. Rochus (Sv. Rok), wird von der Pest in Gestalt eines schwarzen Schiffes bedroht.

23 Uvala Sv. Martin ★★ [D16]

An der **Bucht des hl. Martin** östlich von Mali Lošinjs Stadtzentrum beginnt die Siedlungsgeschichte der Stadt. Hier befand sich mit der **Kirche Sv. Martin** ab Mitte des 15. Jh. der religiöse Mittelpunkt des damals noch Malo Selo genannten Dorfs. Die Gräber auf dem **Friedhof** bewahren die Namen großer Kapitäns- und Kaufmannsfamilien für die Ewigkeit. Hübsch ist nicht nur die Lage von Friedhof und Kirche (Letztere meist geschlossen), sondern auch der **Strand namens Bojčić** schräg gegenüber.

034kv-fk

Nackt und mit Idealfigur: der Apoksiomen, der wohl berühmteste „Bewohner“ von Lošinj

24 Miomirisni otočki vrt (Duftgarten) ★★ [D16]

Es grünt so grün ... und duftet nach allen Gewürzen und Kräutern des Mittelmeers!

Der Aroma- bzw. Duftgarten am **Stadtrand** lohnt nicht nur wegen der vielen charakteristischen Pflanzen, die hier wachsen und blühen, einen Besuch. Er ist zugleich ein besinnlicher Ort für eine **Pause** bei **Kaffee und Kuchen** oder ein leckeres **Abendessen** (auf Vorbestellung). Im angeschlossenen **Laden** verkauft die charmante und engagierte Gründerin selbst hergestellte Duftöle, Tees und vieles Aromatische mehr.

› Bukovica bb, Tel. 098 326519, https://miomirisni-vrt.hr, Juli/Aug. tgl. 8.30–12.30 u. 18–21, März–Juni u. Sept.–Dez. tgl. 9–19 Uhr, Eintritt frei

25 Halbinsel Čikat ★★★ [D16]

Čikat ist Lošinjs großes Plus. Die dicht bewaldete Halbinsel ist seit Ende des 19. Jahrhunderts touristisch erschlossen.

Die wie ein **Dreizack** geformte, zum Meer hin ganze 300 m schmale **Bucht von Čikat** ist die Hauptattraktion des 236 ha großen „Waldparks" nordwestlich von Mali Lošinj 18. Als der Botaniker und Meteorologe **Ambroz Haračić** (s. S. 34) und der Wiener Internist und Tuberkulose-Spezialist **Leopold Schrötter von Kristelli** (1837–1908) hier Mitte der 1880er-Jahre spazieren gingen, glich die Halbinsel einer verkarsteten Einöde. Schrötter, so die Legende, drückte Haračić einen Goldklumpen in die Hand und versprach ihm noch mehr Unterstützung, wenn er Lošinjs Stadtrat für eine **Aufforstungsaktion** gewinnen könnte. So wurde ab 1886 eine halbe Million **Aleppokiefern** gepflanzt, von denen immerhin mehr als die Hälfte zu beachtlichen Baumriesen heranwuchs. Der Ungar Alexander Krásza, Eigentümer der Pension Fritzi (s. Palača Fritzi 20), steuerte hübsch angelegte Spazierwege bei – schon war die neue **Kurdestination des K.-u.-k.-Adels** geboren.

Entsprechend der vornehmen Klientel erbaute man fürstliche Villen. Die erste, die **Villa Adelma,** errichtete 1895 Wilhelm Riedle aus Graz. 1899 wurde die **Villa Carolina** fertig, deren markanter, in Rosé gehaltener, neovenezianischer Turm die Bucht heute noch beherrscht. Kaiser Franz-Joseph hatte sie für seine Gattin Sisi vorgesehen, die jedoch 1898 einem Attentat zum Opfer fiel. Als Hotel fungiert seit 1912 bis heute die elegante, im maurischen Stil errichtete **Villa Alhambra.**

Fast um die gesamte Bucht führt eine teils schon zu Beginn des 20. Jh. angelegte **Promenade** (ca. 3 km) im Schatten der Kiefern, auf der man wilde oder bewirtschaftete Badestellen, Restaurants, Villen und Hotels passiert. Aktivsportler finden bei der **Tauchschule** (Top Dive Diving Centre, s. S. 107) und der **Windsurfschule** mit Rad- und Kajakverleih (Sunbird, s. S. 107) alles, was sie für ihren Lieblingssport benötigen. Zur Tauchschule gehört ein **Archäologischer Unterwasserpark (Podvodni arheološki park)** mit Exponaten in fünf bis 15 m Tiefe, darunter spätantike Anker, Repliken von Amphoren,

MEIN TIPP

Lungomare

Spazierengehen oder Power Walking, Genussradeln oder Mountainbiken – **Lošinjs Uferpromenaden** bieten etwas für jeden Geschmack. Die beiden ausgebauten Promenaden wurden in Teilen bereits in der K.-u.-k.-Zeit angelegt und zählen zu den **reizvollsten Spazierwegen** der Insel.

An der **Nordostküste** erstreckt sich die Uferpromenade von der Kadin-Bucht über Mali 18 und Veli Lošinj 26 bis in die Javorna-Bucht [E16], an der **Südwestküste** von Boka Falsa bis Borik [D16] entlang der Čikat-Halbinsel 25 – beide messen jeweils ca. 8 km. Hier wirken die besonderen klimatischen Bedingungen mit Meeresluft und Kiefernaroma perfekt zusammen.

Von **Borik** aus kann man an der Küste bis zur **Anlegestelle Mrtvaška** [E17] am Südostende der Insel weiterlaufen oder diese Strecke mit dem **Mountainbike** zurücklegen (ca. 10 km).

Die Halbinsel Čikat hat ihre Habsburger Eleganz ins Heute gerettet

venezianische Kanonen und Waffen aus dem Zweiten Weltkrieg. Unangefochtener Star ist eine Kopie des Apoksiomen (s. S. 40). In Begleitung eines Instruktors der Tauchschule können auch Unerfahrene den Park betauchen.

Zum Sundowner trifft man sich in der Strandbar **Borik Mediterranean** (s. S. 45) am südlichen Ende der Promenade. Auf dem Weg ist noch die kleine **Kirche Navještenja Blažene Djevice Marije**, kurz **L'Annunziata**, zu würdigen. Die heutige klassizistische Architektur wurde einem älteren Gotteshaus übergestülpt, in dem seit jeher die Schiffsmannschaften und deren Familien beteten, bevor es auf große Fahrt ging. Die Wände sind mit Votivbildern tapeziert, die für die glückliche Heimkehr gestiftet wurden. Leider ist die Kirche meist verschlossen.

Strände

In Mali Lošinj selbst gibt es – bis auf die **Bojčić-Bucht** – keine guten Bademöglichkeiten. Die schönsten Strände säumen die **Halbinsel Čikat** 25, hier von Nord nach Süd:

- ***Zlatna uvala**: Die „Goldene Bucht" an der Nordwestküste von Čikat ist ein perfekt geformter Halbmond mit grobem Kies und dem Schatten uralter Pinien. Der kleine Parkplatz liegt 750 m entfernt, in der Hochsaison gibt es Liegestühle und eine Beach-Bar.
- **Srebrna uvala**: Etwas weiter südlich schmiegt sich die „Silberne Bucht" an das Gelände des Hotels Villa Kredo und des Campingplatzes Camp Čikat (s. S. 44). Da die Bucht nicht groß ist, kann es durchaus eng werden. Gute Infrastruktur.
- **Uvala Čikat**: In der eigentlichen Čikat-Bucht teilt man den teils aus feinem Kies, teils aus Fels und Stein bestehenden Strand mit den Gästen des Hotels Bellevue (s. S. 44) und dessen eleganter Badeanlage, die auch Nicht-Gästen offensteht, sofern sie einen Liegestuhl und Schirm mieten.
- **Uvala Veli Žal**: An der Feinkiesbucht haben Mieter von Liegestühlen und Sonnenschirmen Vorrang. Wem das nicht zu eng wird, der platziert sich mit seiner Liegematte dazwischen, das ist erlaubt.
- ***Uvala Borik**: Die Natur hat hier einen abschüssigen Meerzugang über weiße Felsplatten geschaffen, versehen mit einzelnen Treppen. Das sieht dramatisch aus, Badeschuhe sind empfehlenswert. Es gibt zudem eine beliebte Beach-Bar für den (fast) perfekten Sonnenuntergang.

033kv-fk

MEIN TIPP

Der besondere Strand

Nur per Boot erreichbar ist der sehr malerische Strand ***uvala Engleza**, der „Englischen Bucht“ auf der **Insel Koludarc** [C16]. Ein **Taxiboot** bringt Gäste dorthin und holt sie wieder ab oder aber man mietet selbst ein Boot in Mali Lošinj 18, z. B. bei Adrian Rent a Boat (s. rechts). Die V-förmige Bucht mit türkisgrünem Wasser ist ein Traum – wenn sie nicht überlaufen ist mit Booten, die in ihrem Schutz ankern. Infrastruktur ist nur in der Hauptsaison vorhanden.

Infos und Reisetipps

- **TZ Mali Lošinj** <045> Priko 42, Tel. 051 231884, www.visitlosinj.hr, Sommer Mo–Fr 8–20, Sa 8–14, So 9–13 Uhr, Winter Mo–Fr 8–16, Sa 9–13 Uhr. Im Tourismusbüro mit hilfsbereiten Mitarbeitern gibt es eine Inselkarte, Infobroschüren und Tipps für Unternehmungen sowie Wanderungen.
- **Busstation Mali Lošinj** <046> Lošinjskih brodograditelja 33, Verbindungen nach Veli Lošinj 26, Nerezine 16 und zu verschiedenen Orten auf der Insel Cres
- **Mediteran Sport** <047> ul. Sunčana uvala 3, Tel. 095 7777111, www.imediteran.com/en/services, Sommer tgl. 8.30–20 Uhr, City-E-Bike 22 €/3 Std., MTB-E-Bike 25 €/3 Std., MTB 6 €/Std. Die Räder sind gut gewartet, der Service freundlich und flott, außerdem bekommt man gute Tipps für Touren.
- **Čikat Aquapark** <048> Camping Čikat, www.camp-cikat.com/aquapark-in-cikat.aspx, Juni u. Sept. tgl. 11–19, Juli/Aug. tgl. 10–20 Uhr, Eintritt: Erw. 18,60 €, Kinder 13,30 €. Der kleine Wasser-Vergnügungspark in der Čikat-Bucht unterhält mit Wasserschloss, Rutschen und fünf Pools eher die jüngere Generation.

Ausflugsfahrten mit den Nachbauten historischer Segelschiffe, im feuerroten „U-Boot“ Semisubmarine mit Glasboden, im Taxi- oder Speedboot werden zuhauf angeboten. Die Bootseigner warten am Hafenbecken von Mali Lošinj 19. Dort kann man auch ein Boot mieten, etwa hier:

- **Adrian Rent a Boat** <049> Rujnica 4 a, Kovčanje-Bucht, Tel. 993457404, https://adrian.hr. Gut gewartete Boote verschiedener Leistungsklassen und Fabrikate zur Miete.

Unterkünfte

- **Bellevue** €€€€ <050> Čikat 9, Tel. 051 679000, www.losinj-hotels.com (unter „Hotels und Villen“). Erstaunlich, wie geschickte Umbauten und modernes Design einen typischen 1970er-Jahre-Kasten in ein attraktives Hotel verwandeln können. Das Bellevue steht im schattigen Waldpark direkt an der Čikat-Bucht und besitzt neben vielerlei anderem Komfort einen eigenen Strandbereich. Mit Restaurant Matsunoki (s. S. 45).
- **Camp Čikat** <051> Čikat 6 a, Tel. 051 232135, www.camp-cikat.com, Standardstellplatz 8–20 €, Erw. 10–16 €. 30 ha und 3800 Stellplätze ist eine Ansage. Ruhig und einsam ist es auf diesem modernen, bestens ausgestatteten Platz auf der Čikat-Halbinsel, direkt am Meer gewiss nicht. Gäste haben die Wahl zwischen Stellplätzen verschiedener Kategorien sowie Mobilheimen, außerdem mehreren Glamping-Zelten mit eigenem Bad/WC (www.losinj-glamping.com).
- **Camping Poljana** <052> Rujnica ul. 9 a, ca. 5 km nördlich von Mali Lošinj, Tel. 051 231726, www.campingpoljana.com, Stellplatz ab 30 €. Traumhaft an einer V-förmigen Bucht gelegen, mit schattigen Stellplätzen, Bungalows und Lodges (Glamping), allerdings ein Stück entfernt von Mali Lošinj.

- **Flora** €€ <053> ul. Vittorio Craglietto, Tel. 099 6796277, über Buchungsportale buchbar. Ansprechend eingerichtetes Hostel mit Doppel- und Einzelzimmern, Gemeinschaftsküche, Lounge und Terrasse etwas abseits vom Zentrum.
- **Mare Mare Suites** €€€ <054> Riva lošinjskih kapetana 36, Tel. 051 232010, www.mare-mare.com. Die Zimmer in dem Bed and Breakfast im roten Gebäude direkt an der Riva sind nicht besonders groß, aber charmant und bunt. Ein Vorteil ist die zentrale Lage.
- **Villa Kredo** €€€ <055> šet. Dr. Alfreda Edlera v. Manusso Montesole 2, Tel. 051 232124, www.losinj-hotels.com (unter „Hotels und Villen“). Außen Kaisergelb, innen Pop-Art. Die historische Villa mit 14 Zimmern und Apartments ist sehr farbenfroh und modern gestaltet und befindet sich direkt am Wasser an der Uferpromenade der Čikat-Bucht.

Essen und Trinken

- **Bocca Vera** €€€ <056> ul. Vladimira Gortana 3, Tel. 051 238511, auf Facebook. Unter den Restaurants an der Riva zählt dies zu den besseren. Die große Terrasse zum Hafen ist ein wunderbarer Ausguck auf Promenade und Boote. Standards wie Čevapčići sind eher unterrepräsentiert, dafür ist die Auswahl an Fisch und Meeresfrüchten groß.
- **Borik Mediterranean Bar** €€€ <057> Sunčala uvala 9, ca. 3 km südwestlich von Mali Lošinj an der Südküste, Tel. 099 3586040, www.losinj-hotels.com (unter „Dining“). Tagsüber fungiert die Bar mit Meeresterrasse als Bistro mit Snacks, leichten Mittagsgerichten und Kuchen. Abends mutiert sie zum sommerlichen Feiertreff mit Gast-DJs, Drinks und fabelhaftem Sonnenuntergang.
- **Deveron Gastro Pub** €€ <058> ul. Vladimira Gortana 32, Tel. 051 238510, https://deveron-gastro-pub.business.site. Die Adresse für einen schnellen Burger, eine krosse Pizza, ein Sandwich oder einen Kuchen zwischendurch. Beliebt.
- **Konoba Dišpet** €€ <059> Sv. Martin 10, Tel. 091 0000000, tgl. ab 18 Uhr. Etwas versteckt, mit weinumrankter Terrasse und legerem Ambiente setzt dieser sympathische Familienbetrieb vor allem auf Fisch und Fleisch vom Grill. Keine Gourmetküche, sondern ehrliches, deftiges Essen.
- **Latino Beach Bar** €€ <060> Čikat, Tel. 051 233803, www.facebook.com/latino beachmalilosinj. Liegestühle, Drinks, Musik – die klassische Strandbar für das perfekte Sommerfeeling.
- **Matsunoki** €€€€, im Hotel Bellevue (s. S. 44), www.losinj-hotels.com (unter „Dining“). Das superschicke Hotelrestaurant überrascht und überzeugt mit japanisch-mediterraner Fusionsküche auf hohem Niveau. Für einen ungewöhnlichen, eleganten Abend.

Mein Tipp

Aussichtspunkt mit Suchtpotenzial

Der Name ist etwas umständlich: Tematski Vidikovac Providenca („Thematischer Aussichtspunkt Providenca“) – darunter stellt man sich eher etwas Technisches vor. Tatsächlich aber ist dieser Aussichtspunkt ein wirklich grandioses Geschenk der Natur, das dank der schicken, aber nicht aufdringlichen **Gastronomie** noch mehr Freude macht. Die auf **Terrassen** eingerichteten **Holzbänke und -tische** bieten einen Ausblick über den gesamten Cres-Lošinj-Archipel – gerade zum Sonnenuntergang ein Traum, dann unbedingt reservieren!

- **Tematski Vidikovac Providenca** <061> Umpiljak, an der Straße in Richtung Mrtvaška zwischen Mali und Veli Lošinj, Tel. 099 5991699, www.losinj-providenca.com, Mai–Mitte Okt., Eintritt mit Getränk: 5 €

› **Rosemary** €€€ <062> Čikat 15, Tel. 051 231837, https://restaurant-rosemary.business.site. Auf Čikat, allerdings nicht am Strand, sondern in zweiter Reihe gelegen, ist das Rosemary ein Solitär unter den zahllosen Fischrestaurants von Lošinj. Die hervorragende kreative Küche, eine ruhige, entspannte Atmosphäre und das aufmerksame Personal machen Freude. Empfehlenswert ist das Degustationsmenü.

Einkaufen

› **Cesar Sport & Outdoor** <063> ul. Giuseppe Garibaldi 4, Tel. 099 2169355, Facebook: cesarsportandoutdoor, Mo–Sa 8–20 Uhr. Umfassendes Sortiment und beste Beratung, egal ob es ums Angeln, Tauchen oder Segeln geht.

› **Fischmarkt** <064> trg Republike Hrvatske 6, tgl. 8–12 Uhr. In der hübschen Jugendstilhalle lässt sich der tägliche Fang erwerben.

› **Mocca** <065> Riva lošinjskih kapetana 3, auf Facebook, Sommer tgl. bis 24 Uhr. Wer macht das beste Eis im ganzen Land? Viele meinen, diese verführerische Eisdiele, sogar mit veganen Sorten.

› **Mozaik** <066> ul. Vladimira Gortana 14, Tel. 051 231948, Mo–Fr 8–20, Sa 8–17 Uhr. Die Buchhandlung führt auch fremdsprachige Reiseführer und Landkarten über die Region.

26 Veli Lošinj ★★★ [D16]

Mali 18 und Veli Lošinj nahmen eine ziemlich ähnliche Entwicklung. Und doch ist das **Flair der großen Seefahrtjahrhunderte** in „Veli" wesentlich deutlicher spürbar als in der Schwestersiedlung. Die Kapitänshäuser sind größer, die Gärten üppiger, das Ortsbild ist repräsentativer, zugleich aber auch sehr intim.

Von den **Parkplätzen oberhalb der Altstadt** führen zwei weitgehend parallel verlaufende Gassen – ulica Vladimira Nazora und ulica Vladimira Gortana – durchs Städtchen bergab und enden am Hafenbecken 27. Einen Blick lohnt Lošinjs ältestes Kirchlein **Sv. Nikola** aus dem 14. Jh. in der Oberstadt, rund 800 m südlich des Parkplatzes.

27 Hafenbecken von Veli Lošinj ★★★ [D16]

Dicht an dicht drängen sich die Häuser um die Hafenpromenade Riva. Kaum vorstellbar, dass sich hinter der geschlossen wirkenden Bebauung etliche Gärten verbergen.

Im Luftbild sind diese **Gärten** jedoch deutlich zu erkennen. Die Kapitäne setzten hinter ihren Häusern Pflanzen ein, die sie von ihren großen Reisen mitbrachten. So verwundern Exoten wie uralte Dattelpalmen oder Libanon-Zedern zwischen den großzügigen Villen nicht weiter. Eine Reihe von **Cafés** besetzt am Hafenbecken Logenplätze.

Rechter Hand bzw. östlich führt die Riva zu der alles beherrschenden **Kirche Sv. Antun Abbas**, die in ihrer ereignisreichen Geschichte gleich zweimal abgerissen und wiederaufgebaut wurde: Das erste Gotteshaus von 1480 wurde schnell zu klein. Schon im 16. Jh. errichtete man ein neues, das knapp hundert Jahre später einer weiteren, größeren Version weichen musste. Die 1774 geweihte Kirche birgt heute eine reiche **Sammlung venezianischer Gemälde und Marmoraltäre** des 17. und 18. Jh. Sie gilt als kostbarste ihrer Art in der Kvarner Region, weshalb sie leider häufig verschlossen ist.

So verträumt, wie es von oben aussieht, ist Veli Lošinj gar nicht

Der Uferpromenade weiter gen Nordosten folgend, markiert das **Kirchlein Navještenja Marijina** aus dem 18. Jh. die **Punta Leva.** Benannt ist das **Kap** nach Kapitän Petar Jakov Leva, der als erster Adria-Seefahrer 1834 das Kap Hoorn umrundete. Auf dem **Friedhof** ruhen angesehene Familien der Stadt. Hier beginnt der **Spazierweg** am Meer entlang bis zur Nachbarbucht Rovenska 30 (ca. 10 Min.).

28 Institut Plavi Svijet (Blue World Institute) ★★ [D16]

Das Meeresforschungsinstitut im Herzen der Stadt hat sich der Erforschung und Beobachtung von Adria-Delfinen verschrieben.

Linker Hand bzw. westlich verläuft die Riva auf die 1898 erbaute **Fischhalle Ribarnica** zu und weitet sich zu einem kleinen Platz. Hier hat das Institut Plavi Svijet seinen Sitz und erklärt in einem kleinen **Museum** die Ökologie der Adria (auch Infos auf Englisch).

Die Besonderheit Lošinjs ist eine Kolonie von etwa 200 **Großen Tümmlern** *(Tursiops truncatus),* die sich vor allem im Frühjahr und Frühsommer in den Gewässern um die Insel aufhält. Plavi Svijet erforscht und begleitet die Delfine und organisiert außerdem **Fahrten zur Delfinbeobachtung.** Neben Delfinen gilt die Aufmerksamkeit der Forscher den ebenfalls hier vorkommenden **Unechten Karettschildkröten** *(Caretta caretta)* und den **Mittelmeer-Mönchsrobben** *(Monachus monachus).* Seit 1992 gelten die Gewässer um Cres und Lošinj als Meeresschutzgebiete.

> Kaštel 24, Tel. 051 236256, www.blue-world.org, www.dolphin-watching.com, Mai Mo–Fr 10–16, Sa 10–15, Juli/Aug. tgl. 10–21, Winter Mo–Fr 10–15 Uhr, Eintritt frei, **Delfinbeobachtung:** Mai–Sept. 3-std. Beobachtungsfahrt 60 €/Person, rechtzeitig reservieren!

29 Kula mit Stadtmuseum ★ [D16]

Der 1455 erbaute **Rundturm** war Veli Lošinjs 26 einzige Sicherung – eine Stadtmauer gab es nicht, denn Gefahr drohte ja nur von der See. Wenn sich Piraten oder Schiffe feindlicher Nationen näherten, floh die Be-

035kv-fk

völkerung in diesen niedrigen Turm etwas oberhalb des Hafens. Heute residiert hier eine **Abteilung des Lošinjer Museums,** die sich insbesondere der Entwicklung Veli Lošinjs und seiner maritimen Aktivitäten widmet. Exponate wie antike Unterwasserfunde, Schiffsmodelle und Porträts berühmter Kapitäne wie auch prominenter Kurgäste vermitteln ein lebhaftes Bild. Vom **Dach** hat man einen **guten Blick** über Stadt und Hafen.

› **Muzejsko-galerijski prostor Kula,** Kaštel bb, www.muzej.losinj.hr/home, 7. April–14. Juni u. 1. Okt.–8. Okt. Di–Sa 10–13, 15. Juni–15. Sept. Di–So 10–13 u. 18–21, 16. Sept.–30. Sept. Di–Sa 10–13 u. 17–19 Uhr

30 Rovenska ★★★ [D16]

Rovenska, ursprünglich ein Fischerdorf in der östlichen Nachbarbucht, erlebte Mitte des 19. Jh. einen heftigen, wenn auch kurzen Entwicklungsschub.

Weil die Schiffsbauer im benachbarten Mali Lošinj 18 hohe Erträge erzielten, wünschten sich die Einwohner von Veli Lošinj 26 ebenfalls eine Werft und diese sollte in der Rovenska-Bucht entstehen. Eine eigenwillige Idee, denn Rovenska ist dem stürmischen **Bura-Wind** (s. S. 118) schutzlos ausgeliefert – das legt schon der Name der Bucht nahe: *rovati* bedeutet „aufwühlen“. Dennoch gründeten die Bewohner 1854 eine Aktiengesellschaft für dieses Projekt und gewannen sogar die Unterstützung **Ferdinand Maximilians von Habsburg** (1832–1867). Auf seine Initiative hin entstand der mächtige **Wellenbrecher** vor der Rovenska-Bucht, der in völligem Missverhältnis zu dem kleinen Örtchen steht. Aus der Werft wurde nichts und die Aktiengesellschaft ging schließlich pleite. Heute wirkt Rovenska wie aus der Zeit gefallen: Wären da nicht die am Hafen aufgereihten **Restaurants,** fühlte man sich unweigerlich in die Vergangenheit versetzt. Entlang der Ostseite badet man auf **Felsplatten** mit **Einstiegshilfen** ins Wasser. Ein Beachclub verleiht in der Hochsaison **Liegestühle und Schirme.**

› **Wegbeschreibung:** Von Veli Lošinj erreicht man die Bucht zu Fuß entweder über den Uferweg von der Friedhofskirche Navještenja Marijina aus (s. S. 47, ca. 10 Min.) oder aber auf direktem Weg vom Parkplatz der Oberstadt bergab gehend (ca. 7 Min.).

Strände

Neben *****Rovenska** 30 gibt es folgende Badebereiche:

****Valdarke:** Fels und Kieselsteine, dazu schattiger Kiefernwald, das Meer in allen Blauschattierungen und etwa auf halben Weg zwischen Mali Lošinj 18 und Veli Lošinj 26 – ideal für einen Spaziergang von einem der beiden Orte aus, um ein erfrischendes Bad zu nehmen. Keine Infrastruktur.

****Punta:** Der Felsstrand unterhalb des gleichnamigen Hotels ist mit Einstiegshilfen ausgebaut und mit optimaler Infrastruktur (Liegen, Schirme, Bar) versehen.

****Javorna:** Den Endpunkt des Küstenwegs von Mali Lošinj bildet diese Grobkiesbucht mit grünem Macchia-Rahmen (ca. 1 Std. ab Veli Lošinj). Man erreicht die Bucht ebenfalls von der Kirche Sv. Nikola aus in 15 Min. zu Fuß bergab. Keine Infrastruktur.

Infos und Reisetipps

› **King Adventures Rent a Bike** <067> Šestavine, gegenüber Vitality Hotel Punta, Tel. 095 8585444, www.losinj-sports.com, Fahrrad 12 €/Tag, auch Kajak- und Bootstouren im Angebot.

Unterkünfte

› **HI Hostel** €€ <068> Kaciol 4, Tel. 051 236234, www.hicroatia.com/en/hostel/hi-hostel-veli-losinj, Bett im 4er-Zimmer 20 €, März–Okt. Das Hostel direkt am Hafenbecken ist freundlich gestaltet und wird korrekt geführt.

› **Vila Conte** €€€ <069> Garina 14, Tel. 051 268697, www.hotel-vilaconte.com, Juni–Sept. Hübsche Zimmer in einer austro-ungarischen Villa im Herzen von Veli Lošinj. Zum Hotel gehört das gut besuchte Restaurant Olive Tree (s. rechts), in der Hochsaison könnte das die Nachtruhe stören.

› **Vitality Hotel Punta** €€€€ <070> Šestavine 17, Tel. 051 662000, www.losinj-hotels.com. Wer möglichst viel aktiv sein möchte, ist in diesem großen Sport- und Wellnesshotel richtig. Verschiedene Fitnessprogramme, Yoga, Triathlontraining – für jeden ist etwas dabei. Wer keine Lust hat, ans Meer zu gehen, schwimmt im Infinity Pool. Die Zimmer sind modern und geschmackvoll eingerichtet, die Lage an einer Klippe über dem Meer ist ausgesprochen reizvoll.

Essen und Trinken

› **Bora Bar** €€€ <071> Rovenska 3, Tel. 051 867544, www.borabar.net, Mai–Okt. Zur Abwechslung ein Hauch echtes Italien. Chef Sasso hat es an die Rovenska-Bucht verschlagen, wo er seit Jahren die Fahne seiner heimatlichen Küche hochhält, mit Carpaccio, selbst gemachter Pasta, Tartuffi etc.

› **Konoba Mol** €€€ <072> Rovenska 1, Tel. 051 236008, Facebook: Restaurant.Mol. In Konkurrenz zum Platzhirsch Bora Bar zu bestehen, ist nicht so einfach, aber das Team dieser einladenden und reizvoll am Wasser gelegenen Konoba versteht es, mit Fisch, kroatischen Spezialitäten und großer Herzlichkeit zu begeistern.

› **Olive Tree** €€€, im Hotel Vila Conte (s. links). Der große Außenbereich macht dieses Restaurant besonders attraktiv. Die Küche ist anspruchsvoll und mediterran: Fisch und Meeresfrüchte, auf den Punkt gegrilltes Fleisch und feine Desserts stehen auf der Tageskarte.

› **Ribarska koliba** €€€ <073> Obala Maršala Tita 1, Tel. 051 236235. Essen, wo die Fischer ihren Fang anlanden: Die Lage dieses Restaurants auf einer kleinen Plattform unterhalb der Pfarrkirche und direkt am Meer ist geradezu genial. Da muss der Fisch doch fangfrisch sein und gut schmecken. Am besten man testet es selbst – den Autoren hat es gemundet.

› **Rovenska Nova** €€ <074> Rovenska-Bucht, nur in der Hochsaison. Beach-Bar mit Liegestuhlverleih und nicht ganz angemessenen Preisen.

036kv-fk

Ein Angler findet bei seiner Lieblingsbeschäftigung Entspannung

Von Veli Lošinj nach Mrtvaška

Rund 13 km auf einer teilweise schmalen und holprigen Straße führen über einen im Schnitt rund 220 m hohen Bergrücken von Veli Lošinj 26 *nach Mrtvaška [E17]. Hier befindet sich der Anleger für jene Fähren, die die Insel Ilovik* 31 *ansteuern.*

Die **panoramareiche Strecke,** die viele mit dem **Auto** befahren, eignet sich bestens zum **Wandern** oder **Biken,** auch weil man an verschiedensten Punkten anhalten und dann nach Westen oder Osten zu hübschen Buchten hinabsteigen kann (200 m Höhenunterschied!). Radfahrer brauchen für die Fahrt allerdings mindestens ein Touren-, möglichst aber ein Mountainbike.

Einer der populärsten Anlaufpunkte ist die Bucht **uvala Balvanida** mit dem gleichnamigen Restaurant (Abstieg ca. 40 Min.). Auf dem Gipfel **Sv. Ivan** (232 m) etwa auf halber Strecke stehen das gleichnamige, im 18. Jh. erbaute Kirchlein und eine **Aussichtsplattform,** die ein herrliche Rundumsicht erlaubt. In steilen Serpentinen fährt man schließlich von der Anhöhe hinunter zur **Anlegestelle der Ilovik-Fähren,** Mrtvaška. Den seltsamen Namen *(mrtvac* heißt „Toter") verdankt diese einem Iloviker Brauch (s. S. 51).

Autofahrer kehren auf demselben Weg zurück, per Mountainbike oder zu Fuß kann man alternativ auf steinigen Pfaden der **Südwestküste** von Bucht zu Bucht folgen (ca. 10 km, weitgehend flach). Diese Route heißt nicht umsonst **put Dupina („Weg der Delfine"):** Wenn sich die Meeressäuger in den Gewässern um Lošinj aufhalten, bekommt man sie hier zu Gesicht.

› **Restoran Balvanida** €€ <075> Balvanida 1, Tel. 091 5150799, im Sommer tgl. ab 11 Uhr. Einfaches Grillrestaurant mit herzlicher Atmosphäre.

Strände

- ****Krivica:** Die schmale Bucht schlängelt sich richtiggehend landeinwärts, ist also ideal geschützt und sehr idyllisch. Eine halbe Stunde Abstieg vom Berg Sv. Ivan. Keine Infrastruktur.
- ****Balvanida:** In 40 Min. zu Fuß ab Vidojne (kurz hinter Sv. Ivan) trifft man hier nicht nur auf die gut geschützte Felsbucht, sondern auch auf das gleichnamige nette Restaurant.
- ****Plieski** : Die weite Feinkiesbucht setzt sich unter Wasser mit Sand fort, ist also perfekt für Kinder geeignet. Zu Fuß von Vidojne in einer guten Stunde zu erreichen. Keine Infrastruktur.

037kv-fk

Ilovik, Susak und Unije

Zusammen mit kleineren, unbewohnten Eilanden wie Vele und Male Srakane [B15] zählen die drei Inseln zum Cres-Lošinjer Archipel und sind durch einen **regelmäßigen Personenfährdienst** mit Lošinj verbunden. Susak 32 und Unije 34 sind zudem per Personenfähre an **Rijeka** [C1] auf dem Festland angeschlossen. Alle drei Inseln sind **autofrei.**

Susak und zum Teil auch Unije zeichnet eine **geologische Besonderheit** aus: Auf dem Kalksockel liegt eine Schicht sandigen Lehms, der die Inseln sehr fruchtbar macht und ihnen die in der Kvarner Bucht seltenen **Sandstrände** beschert.

31 Ilovik ★★ [E17]

Die knapp 6 km² große Insel und ihr kleiner, nördlich gelegener Nachbar Sv. Petar kleben fast an der südlichen Spitze Lošinjs. Ilovik, dessen Böden deutlich **fruchtbarer** sind als jene Lošinjs, gehörte ab dem 13. Jh. zum Besitz der Diözese von Osor 13, die hier Landarbeiter für den Ackerbau ansiedelte. Starb ein Arbeiter, brachte man ihn per Boot nach Lošinj, um ihn auf dem Friedhof von Veli Lošinj 26 beizusetzen. Diesem über Jahrhunderte praktizierten **Brauch** verdankt die Lošinjer Anlegestelle Mrtvaška [E17] ihren Namen: Dieser bezieht sich auf das kroatische Wort *mrtvac* („Toter").

Ständig besiedelt ist Ilovik seit dem 18. Jh., militärische Bedeutung gewann die Insel im **Zweiten Weltkrieg**, als hier ein Bunker und ein Tunnelsystem angelegt wurde. Von den Anfang des 20. Jh. rund 500 Einwohnern wanderten viele nach New York oder nach Italien aus. Heute sind noch knapp 80 Menschen übrig. Im Sommer steigt ihre Zahl mitunter um das Dreifache, wenn die Nachkommen der **US-Exilanten** in ihre Häuser zurückkehren.

Auf der **Nachbarinsel Sv. Petar** belegen archäologische Grabungen eine Präsenz der Illyrer. Aus der frühchristlichen Ära sind **Überreste einer Basilika** aus dem 6. Jh. erhalten, im 11. Jh. errichteten Benediktiner einen Konvent. Seit wann verstorbene Einwohner von Ilovik nicht mehr nach Veli Lošinj gebracht, sondern auf Sv. Petar beigesetzt werden, ist nicht verbrieft. Per Boot werden die sterblichen Überreste zur letzten Ruhe auf dem **Inselfriedhof** übergeführt. Seit dem 16. Jh. wacht ein **venezianischer Turm** auf Sv. Petar über die einst viel befahrene Wasserstraße zwischen Lošinj und Ilovik. Sv. Petar ist von Ilovik aus **nur per Taxiboot erreichbar.**

Das **einzige „Städtchen" des Eilands**, das gleichnamige **Ilovik,** präsentiert sich mit üppiger Blumenpracht – selten erblickt man auf den Kvarner Inseln ein solches Feuerwerk an Formen und Farben oder erschnuppert an jeder Ecke einen neuen Duft. Der Ort ist schnell besichtigt: Es gibt einige Cafés und Restaurants, einen Lebensmittelladen und eine Hauptstraße, die Ilovik von West nach Ost durchquert. Fußwege führen am Meer entlang zu **Strandbuchten** wie ***Sućadrija** im Südosten (ca. 30 Min.). Mit viel Glück und Fantasie sind oberhalb der Bucht die Fundamente eines frühchristlichen Gotteshauses zu entdecken.

Eine Art **Kreuzungspunkt** der Inselpfade bildet die **Kapelle Gospa Lurdska**, ca. 10 Min. südöstlich von

◁ Die Fähre nähert sich und bringt Interessierte nach Ilovik

Ilovik bergauf gelegen. Inmitten von Lavendelfeldern und Olivenhainen, beschattet von zwei mächtigen Zypressen, strahlt die Kapelle in warmem Orange. Auf die **höchste Erhebung Dida** (96 m) wandert man von hier aus in rund einer halben Stunde.

Strände

- ****Mala** und ****Vela Draga:** Die beiden hübschen Kiesbuchten im Südosten sind von Ilovik-Stadt rund 20 bis 30 Min. Fußweg entfernt. Keine Infrastruktur.
- ****Paržine:** Der beliebte Sandstrand an der Südküste ist vom erwähnten Kreuzungspunkt bei der Kapelle Gospa Lurdska in rund 30 Min. zu Fuß erreicht. In der Hochsaison Infrastruktur mit Liegestuhlverleih und Kiosk.
- ****Parknu:** Eine Dreiviertelstunde vom Kreuzungspunkt gen Süden gehend, gelangt man zu diesem malerischen Felsstrand mit einem Tunneleingang aus dem Zweiten Weltkrieg (nicht betreten!). Keine Infrastruktur.

Infos und Reisetipps

› **Fähre nach Ilovik,** Abfahrt in Mrtvaška/Lošinj, www.visitlosinj.hr/de/brodom-2.aspx, Mai–Dez. mehrmals täglich, Fahrzeit: ca. 15 Min., Tickets an Bord

038kv-fk

› **Taxiboot nach Ilovik,** Tel. 099 5162349, www.ilovik.hr. Der Preis ist Verhandlungssache, Faustregel: um 25 pro Fahrt ab Mrtvaška.

Unterkünfte

Hotels gibt es auf Ilovik nicht, dafür mehrere Anbieter von Apartments, die über die üblichen Buchungsplattformen wie Booking.com oder Airbnb reserviert werden können.

Essen und Trinken

› **Amico** €€€ <076> Ilovik-Hafen, Tel. 098 9628714, www.ilovik.hr. Dank der Lage im Hafen ist Amico die Anlaufadresse Nummer eins der Skipper. Gute, frisch zubereitete Gerichte, natürlich viel Fisch, aber auch große Salate oder Pasta.

› **Dalmatinka** €€€ <077> Ilovik 60, Tel. 098 6526324. Das Restaurant ist etwas edler und vielleicht auch teurer als die Lokale im Hafen, hat dafür aber das besondere Etwas: Auf der Terrasse direkt am Meer sitzt es sich sehr angenehm und romantisch, die Karte listet auch Ungewöhnliches, z. B. Fisch aus der *peka* (Eisenpfanne in der Herdglut).

› **Konoba Oliva** €€ <078> Ilovik 23, Tel. 098 1708724, www.oliva-ilovik.com. Das Restaurant in „zweiter Reihe" serviert vom Frühstück bis zum Cocktail den ganzen Tag über leckere Gerichte und Drinks und hat auch kleinere Snacks wie Sandwiches auf der Karte.

32 Susak ★★★ [B16]

Nicht wenige nehmen die **zeitraubende Anreise** (s. S. 35) auf sich, um in der Kvarner Bucht einmal an einem waschechten **Sandstrand** zu sonnen und zu baden. Früher dachte man bei Susak auch an guten Wein, aber der Weinbau erlebte unter sozialistischer „Fürsorge" mittels Agrargenossenschaften einen schnellen Niedergang. So kam es, dass die meisten Einwohner Susak in den 1950er- und 60er-Jahren verließen und nach Hoboken im US-Bundesstaat New Jersey emigrierten. 150 Menschen leben heute noch in den **beiden Siedlungen Donje und Gornje Selo** 33 („Unteres und Oberes Dorf“). Die heimkehrenden „Amerikoni“ werden jeden Sommer freudig begrüßt. Sie bringen nicht nur Leben auf die Insel, sondern auch Geld. Am letzten Sonntag im Juli feiert man sie im Rahmen eines Festes (s. rechts) mit Musik und Tanz.

Susak teilt die Geschichte Iloviks 31 – Illyrer, Römer, Byzantiner, eine Benediktinerabtei von Osors Gnaden, Venezianer und schließlich das Habsburger Reich gaben sich die Klinke in die Hand. Im 19. Jh. entdeckte **Habsburgs Adel** Susaks klimatische Vorzüge, in den 1930er-Jahren beförderte das faschistische Italien den Arbeitsmarkt durch den Bau einer Fischfabrik und eines Weinkellers. Bis zu 90 % der Fläche waren mit Reben bepflanzt. Heute bemühen sich einzelne Winzer wie die Kellerei Cosulich (s. S. 56), den **Weinbau** wiederzubeleben.

KURZ & KNAPP

Susaks Erbe

Susak ist die einzige der Kvarner Inseln, auf der sich ein alter **kroatisch-italienischer Dialekt** erhalten hat, der sonst nur noch in einigen Orten Istriens und in der Emigrantengemeinschaft der US-Stadt Hoboken gesprochen wird.

Auch die **Tracht** ist ungewöhnlich: Mädchen und Frauen tragen eine Art „Minirock“, der an ein Ballerina-Tutu erinnert, dazu farbenfrohe Strümpfe in Pink und Orange. Über der weißen Bluse ist ein buntes Schultertuch geknotet. Zu sehen ist diese Tracht heute nur noch bei organisierten Folklorevorführungen oder einem der beiden großen Feste: dem **Emigrantentag „Dan Iseljenika“** (letzter Julisonntag) und dem höchsten Kirchenfest, **Procesija Tijela Kristova (Leib-Christi-Prozession)** am 15. Juli. Dann wird das romanische Kruzifix aus der Pfarrkirche Sv. Nikola zur Bootssegnung nach Donje Selo 33 und anschließend wieder zurück in die Kirche getragen.

33 Donje und Gornje Selo ★★★ [B16]

Das Dorf- und Inselpanorama machen gleich bei der Ankunft deutlich, dass hier vieles anders ist. Hinter den Häusern erhebt sich ein dicht mit Schilfgras bewachsener Sandhügel, kein Fels weit und breit.

Donje Selo, wo Fähre und Katamaran anlegen, ist die jüngere der beiden Inselsiedlungen. Die ersten Bewohner bauten ihre Häuser in sicherer Lage auf der Anhöhe, dem heutigen Gornje Selo. Abgesehen von einigen Cafés und Konobas ist in Donje Selo nur einer der beiden berühmten Sandstrände, **Spiaža**, interessant.

Drei Treppenwege verbinden die beiden Dörfer, der linke endet direkt vor der Kirche **Sv. Nikola** im Zentrum von **Gornje Selo**. Das im 18. Jh. errichtete Gotteshaus steht dort, wo sich seit dem 11. Jh. bereits ein Benediktinerkloster befand. Der Kirchenvorplatz entspricht dem ehemaligen Atrium, im Inneren wacht der **Veli Buoh**, der „Große Gott“, über seine Gemeinde. Das romanische Kruzifix aus dem 12. Jh. habe angeblich ein Sturm an Land gespült, so die Legende.

Ruhig und ein bisschen verschlafen – so präsentiert sich Ilovik

Ausflüge und Entdeckungen auf Susak

Per Fahrrad, das man allerdings mitbringen muss, oder **zu Fuß** lassen sich die Naturschönheiten der Insel Susak bequem entdecken.

› **Zum Sandstrand Bok** (s. S. 55): Vom Kirchenvorplatz die Gasse nach Südwesten und in Richtung Friedhof gehend, findet man sich schnell zwischen Brombeersträuchern und Schilf wieder (alternativ in Donje Selo 33 den Pfad vom Strand nach Süden wählen). Da auf Susak kein Bruchstein zur Verfügung steht, um Trockenmauern aufzuschichten, behelfen sich die Menschen mit natürlichen Barrieren aus Schilf. Rund 350 m sind es zum Friedhof mit der Kapelle und strahlend-weißen Grabmälern, von wo aus man einem betonierten Pfad bergab folgt und rund 5 Min. später nach rechts auf einen sandigen Weg abbiegt. Er führt mitten durch die Weinpflanzungen bis zu einem Aussichtspunkt über die Bucht Tijesni (1 km, ca. 15 Min.). Zum Sandstrand in der Bucht Bok steigt man von hier aus in rund 5 Min. bergab. Wer ein Stück weiter nach Osten wandert, erreicht den **Aussichtspunkt Arat** (ca. 20 Min.) mit der Kapelle Marijinega Oznanjenja (um 1930).

039kv-fk

› **Zur Ruine von Vela Straža auf dem höchsten Inselgipfel Garba (98 m):** Der Pfad beginnt am nördlichen Ende des Sandstrandes von Donje Selo und führt in einem westwärts gewandten Bogen zum 1885 errichteten Leuchtturm. Weiter nach Westen gehend zweigt nach etwa 30 Min. ein Pfad nach rechts ab und führt zur Vela Straža (weitere 15 Min.) auf dem Gipfel. Die Ruine diente als militärischer Außenposten Jugoslawiens – von hier aus beobachtete man, ob Italien vielleicht einen Angriff von See vorbereitete. Heute bringen die Bauern hier ihre Schafe unter, deshalb bitte die Gatter schließen! Eine Dreiviertelstunde in südöstlicher Richtung ist schließlich Gornje Selo erreicht.

› **An die Südküste:** Der Leuchtturm ist Ausgangspunkt eines Pfades zu den Buchten Porat und Punta Valica (s. S. 55). Der Pfad führt nach Westen und biegt dann nordwärts auf eine Halbinsel ab, von der aus man 50 m südwestlich nach Porat oder westlich nach Punta Valica absteigen kann. Eine Felsnase für übermütige Sprünge ins Meer zeichnet die uvala Obis aus. Von Gornje Selo zum Friedhof und weiter durch Weinpflanzungen nach Süden sind die Klippen nach etwa 750 m erreicht.

Strände

**Spiaža und **Bok: Die beiden großen Sandbuchten liegen an der Nordküste, Spiaža direkt vor Donje Selo und Bok einen Fußweg von ca. 30 Min. entfernt im Osten (s. S. 54). Gute Infrastruktur.

**Baldarka: Von Donje Selo in Richtung Westen folgen die Felsbuchten Mestova draga, Grabrovica und nach ca. 20 Min. die kleine, reizvolle Kies-Sand-Bucht Baldarka. Keine Infrastruktur.

**Punta Valica: 20 Min. weiter geht es zum Kiesstrand am westlichen Ende (auch über Gornje Selo und das Inselinnere erreichbar, s. S. 54). Hier gibt es große Ablagerungen angeschwemmten Seegrases (Posidonia), die sich bestens als weiche Unterlage eignen. Mit Infrastruktur.

**Porat im Südwesten ist eine bei Bootsbesitzern geschätzte Bucht mit Kiesel- und Sandabschnitten.

***Uvala Obis an der Südostküste setzt sich mit ihren Felsplatten und Klippen landschaftlich deutlich gegen die anderen Buchten ab. Ganz Mutige springen von der Felsnase ins Wasser. Allerdings ist es nicht ungefährlich, sich aus 15 m Höhe ins Meer zu stürzen, auch wenn es hier Tiefen von bis zu 25 m erreicht. Keine Infrastruktur.

**Uvala Nasuzanski: Die schmale, felsige Bucht erreicht man auf dem Weg zur uvala Obis, biegt jedoch an jener Stelle rechts ab, wo die Straße beginnt, sich in Richtung Küste zu senken. 10 Min. später geht es an der Kreuzung nach links und bergab. Das besondere Türkis der Bucht leuchtet einem bereits von Weitem entgegen. Keine Infrastruktur.

040kv-fk

Ideal zum Baden: Susak besitzt natürliche Sandstrände

Ein Streifzug durch die Gassen des Eilands ist interessant

Infos und Reisetipps

- **Anfahrt mit Personenfähre oder Katamaran,** www.jadrolinija.hr, Ankunft in Donje Selo 33. Personenfähre von Mali Lošinj 18 nach Susak 32, Fahrtdauer 1 Std., Fahrradmitnahme möglich. Katamaran von Rijeka via Cres-Stadt 4, Martinšćica 12 und Unije 34 nach Susak, Fahrtdauer ab Rijeka 3½ Std., ab Mali Lošinj 35 Min., keine Fahrradmitnahme.
- **www.otok-susak.org/en:** Website zur Insel mit englischsprachigem Inhalt

Unterkünfte

- **Domus Susak** €€€€ <079> Susak 267, Tel. 0039 0438654067, www.domussusak.com. Fünf modern designte Apartments für je bis zu 4 Personen über der Weinkellerei der Familie Cosulich, elegant gestaltet und zum Teil mit Blick aufs Meer. Die vermittelnde Agentur sitzt in Italien, daher die Ländervorwahl beachten!
- **Matijašec** €€ <080> Donje Selo, Tel. 051 239028, www.otoksusak.com. Zwei Altstadthäuser im unteren Dorf, wenige Gehminuten vom Strand. Haus 1 mit drei Wohnungen für jeweils 2–3 Personen mit gemeinsamer Terrasse, Haus 2 zur Alleinbenutzung für bis zu 6 Personen. Einfach, aber ansprechend eingerichtet.

MEIN TIPP

Wein von der Insel Susak

Die einzige professionelle Weinkellerei auf Susak 32 gehört der **Familie Cosulich,** die bereits im 18. Jh. Ländereien auf der Insel besaß, die Heimat aber im Zuge des allgemeinen Exodus verließ. 1989 kehrten die Cosulichs zurück und kauften erneut Land, auf dem sie nun **Bioweine** anbauen. Unter dem **Label Sansego** vertreiben sie zwei rote und zwei weiße Cuvées: Rosso Poseidon und Rosso Botte sowie Bianco Apsyrtides und Bianco Botte. Die Weine lassen sich auf dem Weingut erwerben.

› **Infos:** www.domussusak.com/wine

› **Susak-Sansego** €€€ <081> Susak 622, Tel. 00386 040562749, www.susak.si. Fünf zauberhaft renovierte und modern ausgestattete Häuser für je bis zu 4 oder 5 Personen, teils miteinander verbunden, falls gewünscht. Komfort und Dekor sind hochklassig und konkurrenzlos auf Susak. Die vermittelnde Agentur sitzt in Slowenien, daher die Ländervorwahl beachten!

Essen und Trinken

› **Konoba Barbara** €€€ <082> Susak 603, Tel. 051 239128, www.konoba.barbara-susak.org. Die versteckt im Gassengewirr von Gornje Selo gelegene Konoba ist kein Feinschmeckerparadies, sondern begeistert mit guter, bodenständiger und frischer Küche, großen Portionen und jeder Menge Herzlichkeit.

› **Pekarna Sv. Katarina** € <083> Susak 406, bei der Friedhofskirche, Tel. 098 5470200. Was das Herz begehrt: Ob süße Hörnchen oder deftige Pizza, ob mit Spinat gefüllter Burek oder luftiges Weißbrot. Und dazu eine freundliche Bedienung.

› **Sansegus** €€€ <084> Susak 90, Tel. 051 239013. Das Restaurant in Donje Selo scheint ein Zwitterleben zu führen: Die Autoren haben hier hervorragend und höflich bedient gegessen (Wolfsbarsch mit Mangold-Kartoffel-Stampf), einige TripAdvisor-Rezensenten scheinen aber das Gegenteil erlebt zu haben.

Am Hafen von Susak sammeln sich die Fahrgäste für die Überfahrt

041kv-fk

34 Unije ★★ [A14]

Die größte der bewohnten Lošinjer Satelliteninseln ist mehr als die beiden anderen ein **stiller Rückzugsort.** Trubelig wird es eigentlich nur, wenn gerade der Katamaran oder die Fähre anlegen. Ebenso wie bei Susak 32 ist die **Anfahrt** etwas **zeitaufwendig** (s. S. 58).

17 km² und knapp 90 Einwohner – das Missverhältnis zwischen Inselgröße und **Bewohnerzahl** erzählt wie schon auf Ilovik 31 und Susak von der gescheiterten sozialistischen Agrarpolitik, welche die Menschen schließlich von ihrer mit Olivenbäumen bestandenen Insel vertrieb. Heute leben die verbliebenen Menschen hauptsächlich von **Fischfang, Olivenanbau und Tourismus.** In den Sommermonaten steigt die Einwohnerzahl um das Vierfache.

Hübsch ist die Lage der den Hang hinaufkletternden, gleichnamigen **Inselhauptstadt an der Westküste,** doch beim Bummel durch die stillen Gassen wird schnell klar, dass die meisten Häuser hier nur in den Urlaubsmonaten bewohnt sind. Kommt eine Fähre an, werden Passagiere und Gepäck mittels **Minitraktoren** zu ihrer Unterkunft gebracht. Ein Postamt, ein Lebensmittelladen und eine Handvoll Restaurants bilden die Infrastruktur. Selbst an der **Kirche Majke Božje Karmelske** (1911) mit dem öffentlichen Brunnen (1857) sind selten Menschen zu sehen. Ein interessantes **Steingefäß für Olivenöl** vor Haus Nr. 194 datiert eine glagolitische Inschrift (s. S. 22) auf das Jahr 1676.

Unijes ältestes Gotteshaus ist die **Friedhofskirche,** die dem **hl. Andreas (Sv. Andrija)** geweiht ist und ein Stück südwärts am Beginn des **„polje“** („Feld“) steht. Die flache Halbinsel ist Unijes Kornkammer. Auf dem fruchtbaren Boden, der eine ähnliche Beschaffenheit hat wie jener auf Susak, gedeihen Feldfrüchte und Olivenbäume und es weidet Vieh. Wasser gibt es ebenfalls, wie die beiden kreisrunden Tümpel auf dem Weg zur Kirche belegen. Rund 20 Minuten sind es vom Friedhof zur südwestlichen Inselspitze mit dem **Leuchtturm Vnetak.** Vom Friedhof gen Süden erreicht man das **Kap Arbit** (ca. 1½ Std.) mit herrlichem Blick auf Vele und Male Srakane sowie Susak. Nach etwa einem Drittel der Strecke zweigt rechts ein Pfad zur Küste ab: Hier stößt man auf Überreste eines **römischen Landhauses** und einer **römischen Nekropole.**

042kv-fk

Unije lockt mit maritimem Flair und Beschaulichkeit

MEIN TIPP

Die Klippen von Unije

Wer käme angesichts der flachen Umgebung der Inselhauptstadt auf die Idee, auf Unije 34 könnte es dramatische Landschaften geben? Ein **Spazierweg** von Unije gen Norden belehrt die Besucher eines Besseren: Er endet nach einer guten Stunde an den imposanten Klippen des **Kaps Hartina** [A14], die sich nahezu senkrecht aus dem Meer erheben. Ein **großartiges Fotomotiv.**

Nördlich und östlich des Hauptortes präsentiert sich die **Küste** felsig und in Buchten gegliedert, die fast alle nur mit dem Boot angefahren werden können. Zu Fuß ist die tiefe **Maračol-Bucht** erreichbar (40 Min. von Unije nach Nordosten). Auf dem Weg passiert man etwa 500 m nach dem Ortsende einen fantastischen **Aussichtspunkt** namens **Vidikovac Kraj Kove,** vor dem sich der Gebirgszug Osoršćica 17 auf Lošinj wie ein mächtiger Walbuckel aufbaut. In der Bucht dümpeln Fischerboote, da Unijes Hafen den gefürchteten, von West und Nordwest wehenden Sturmwinden (Bura, s. S. 118) ausgesetzt ist. Die Ruinen einer Fischfabrik erinnern an wirtschaftlich bessere Zeiten in den 1920er- und 30er-Jahren. 1,2 km nach Nordosten auf einer ehemaligen römischen Straße folgt eine weitere Bucht namens **Podkujni** (s. rechts).

Strände

***Stadtstrand von Unije:** Kieselsteine und Seegras säumen die Küstenlinie südlich des Ortes. Der äußerste Bereich ist FKK-Jüngern vorbehalten. Im Sommer gibt es eine Beach-Bar und Infrastruktur. Vom Kai nach Norden erstreckt sich eine Felsküste mit Minibuchten, an einigen Stellen gibt es Einstiegshilfen.

****Podkujni:** Eine idyllische Feinkiesbucht an der Ostküste, aber kein Schatten und keine Infrastruktur. Beliebter Ankerplatz, daher gibt es hier im Sommer viele Boote.

****Goligna:** An Unijes nördlichstem Punkt verbirgt sich eine der reizvollsten Badebuchten der Insel (5 km von Podkujni nach Norden): Sie lockt mit Kiesstränden und völliger Einsamkeit. Keine Infrastruktur.

Infos und Reisetipps

› **Anfahrt mit Personenfähre oder Katamaran,** www.jadrolinija.hr. Personenfähre von Mali Lošinj 18 via Susak 32 nach Unije 34, Fahrtdauer 2 Std., Fahrradmitnahme möglich. Katamaran von Rijeka via Cres-Stadt 4 und Martinšćica 12 nach Unije, Fahrtdauer ab Rijeka 2 Std. 45 Min., ab Mali Lošinj 1 Std. 50 Min., keine Fahrradmitnahme.

Unterkunft

› **Pansion Unijana** €€ <085> Unije 5, Tel. 051 235743, www.unijana.hr. Nette Pension mit einfachen, aber gemütlichen Zimmern. Mit angeschlossenem Restaurant (s. unten).

Essen und Trinken

› **BaraBar** € <086> Unije, Tel. 099 2362201, www.facebook.com/Bara bar2020. Tagsüber Kaffee und Snacks, abends schöne Sundowner-Location.

› **Konoba kod Jože** €€€ <087> Unije bb, Tel. 099 6885368. Der Platzhirsch am Meer, mit unverstelltem Sonnenuntergangsblick, köstlichem Fisch, leckeren Salaten und rauem Charme.

› **Pansion Unijana** (s. oben) €€. Das Restaurant der Pension besitzt eine schattige Veranda. Den Schwerpunkt bilden Fischgerichte.

› **Pekara** € <088> Unije 76 a, in der Hochsaison tgl. 7–12 u. 19–22 Uhr, sonst eingeschränkt. Leckeres Brot und süße Versuchungen.

KRK

044kv-fk

Die Insel wendet dem Festland eine von der **Bura** (s. S. 118) glatt geschliffene **Felsküste** zu und verbirgt dahinter Steineichen- und Kiefernwälder sowie Weinpflanzungen. **Geschützte Buchten** wie jene von Punat 50 gelten bei Nautikern wie Wasserratten als sichere Anlaufpunkte.

Krk war die **Wiege des kroatischen Frankopanenreichs** (s. S. 73), dessen Spuren in den Städten ebenso wie zwischen Macchia und Gestrüpp von der glorreichen Vergangenheit erzählen. Und Krk war eines jener religiösen Zentren, in denen Klöster die altkroatische Kirchenschrift **Glagolica** (s. S. 22) bewahrten.

KURZ & KNAPP

Krčki most

Die 1976 bis 1980 errichtete **Brücke vom Festland auf die Insel Krk** galt mit 1450 m Länge und 67 m Höhe lange als größte Stahlbeton-Bogenbrücke der Welt – erst 1996 übertraf sie ein chinesisches Bogenbauwerk. Die Stützweiten der beiden Brückenteile, die sich in der Mitte auf dem Inselchen Sv. Marko treffen, betragen 390 und 244 m.

045kv-fk

◁ *Vorseite: Hohe Felsen und gute Winde finden Segler vor Krk vor*

Trotz einiger Diskotheken ist Krk **keine Partyinsel.** Vielmehr sind die meisten Feriengäste wie auf den Nachbarinseln eher Aktivreisende: wandernd, bikend oder an der Zipline die Landschaft überfliegend.

Anders als die übrigen Kvarner Inseln ist Krk **auf dem Landweg erreichbar:** Eine **Brücke** (Krčki most, s. links) führt von Kraljevica [E2] auf dem Festland hinüber in die Nordostecke der Insel bei Omišalj 35. Fähren und Katamarane verbinden Krk mit Cres und mit Rab, die Fähren laufen den **Fährhafen Valbiska** [D7] an. Und es gibt auf Krk einen **Flughafen:** Rijeka Airport (s. S. 122) liegt nicht weit von Omišalj entfernt.

Omišalj und der Inselnorden

Krks Norden ist geprägt von **Gegensätzen:** In den historischen Städtchen Omišalj 35 und Dobrinj 41 scheint die Zeit stillzustehen, während weiter südwestlich Njivice 36 und Malinska 37 zu einer einzigen Feriensiedlung zusammengewachsen sind: Hier treffen Strandleben und eine perfekte Ferienlandschaft auf Zeugnisse altkroatischer Frömmigkeit. **Wanderwege** bieten Raum für Aktivitäten. **Sottovento** („Unter dem Wind") heißt die Gegend um Malinska nicht zufällig: Hügel halten den beißenden Nordostwind Bura ab und so kann eine **üppig-mediterrane Vegetation** gedeihen.

Krks Nordosten wendet sich mit **kahlen Felsklippen** dem Festland zu. Nur bei Soline 44 öffnet sich die abweisende Küstenlinie zu einer weiten und ausgesprochen flachen Bucht mit vor allem bei Familien beliebten **Sand-Kies-Stränden.** Im Hinterland wacht das alte Dobrinj von seinem dicht bewachsenen Hügel über das sonst eher trockene, mit Macchia bestandene Land.

Šilo (43) und Klimno [F4] im Osten sind den Attacken der vom Festland wehenden Bura fast schutzlos ausgeliefert – entsprechend karg präsentiert sich die Landschaft. Dafür birgt das Meer eine Besonderheit: wertvollen **Heilschlamm.**

(35) Omišalj ★★ [E3]

Die Altstadt krallt sich an einen 85 m hohen **Felssporn.** Der **Hafen** und die modernen Siedlungen breiten sich zu Füßen der Anhöhe aus, hier befindet sich auch die das hübsche Panorama arg störende **Industriezone** mit einem Erdöl- und Petroleumterminal auf der Landzunge westlich des Städtchens.

Gegründet wurde Omišalj vermutlich bereits von den **Illyrern** – kein Wunder bei dieser strategisch günstigen Lage. Später ließen sich **Römer** am Fuß des Felsens nieder, doch in den unruhigen Jahrhunderten nach dem Zerfall des Römischen Reiches flüchteten die Menschen wieder auf die sichere Anhöhe. Unter den **Frankopanenherrschern** (s. S. 73) erlebten Krk und damit auch Omišalj ab dem 12. Jh. eine kulturelle Blüte. Anfang des 20. Jh. wurde Omišalj von einer **Auswanderungswelle** in Richtung USA erfasst. Heute leben im gesamten Gemeindegebiet nur knapp 1800 Menschen.

Omišaljs **Altstadt** ist nicht herausgeputzt. Vorbildlich ist das **Infosystem** mit erklärenden Tafeln an den wichtigsten Sehenswürdigkeiten. Die ältesten Bereiche Omišaljs finden sich im Südosten der befestigten Siedlung. Hier erinnert eine **Gedenktafel** an den Standort des **Kaštel,** eine der vier Frankopanenburgen auf Krk aus dem 15. Jh. Dort schlängelt sich die **ulica Pančirov,** an der noch Renaissancearchitektur mit runden Arkaden- und Fensterbögen zu entdecken ist. Außerdem verläuft hier die **ulica Klančina,** die einzige Altstadtgasse mit noch im Original erhaltenem Straßenbelag.

Das historische Zentrum wird von der **Kirche Mariä Himmelfahrt** (Uznesenja Bl. Dj. Marije) mit ihrem markanten, frei stehenden **Glockenturm** beherrscht. **Placa** („Platz“) heißt der städtische Mittelpunkt, den neben der Kirche Häuser aus Renaissance und Barock säumen. An den Glockenturm lehnt sich eine zierliche **Loggia** (beide 16. Jh.). Seit dem 13. Jh. ist das dreischiffige Gotteshaus bezeugt. Sowohl in den Außenmauern als auch im Inneren wurden bei Um- und Ausbauten vorromanisches Steindekor wie Flechtbandornamente integriert. Das Tafelbild in der Apsis des südlichen Seitenschiffs wird dem venezianischen Meister Jacobello del Fiore (15. Jh.) zugeordnet. Im **Lapidarij (Lapidarium)** harren einige wertvolle

046kv-fk

Der Hauptplatz von Omišalj mit dem Glockenturm

Zeugnisse der Geschichte, darunter eine römische Inschrift aus dem Jahr 94 n. Chr. Schräg gegenüber komplettiert die **Kapelle Sv. Helena** (15. Jh.) den Platz. Einige Kreuze an der Mauer gegenüber der Kirche erinnern an den ehemaligen **Friedhof Smitir,** den die österreichische Administration Anfang des 19. Jh. auflöste und außerhalb der Stadtmauer verlagerte.

Von der Placa nach Westen gehend, erreicht man den **Aussichtspunkt Vele steni:** Über 80 m geht es hier nahezu senkrecht hinunter – der Blick über die Kvarner Bucht ist einfach grandios.

› **Lapidarij** <089> im Sommer tgl. 9–11 und 19–21 Uhr, Eintritt frei

Zwischen Altstadt und Meer erstreckt sich mit dem **Park Dubec** auf steilem Hang die grüne Lunge von Omišalj. Das 1925 aufgeforstete Gebiet führt hinunter zum kleinen, malerischen **Jachthafen** des Städtchens und den populären **Stränden Jadran, Učka und Pešja** (s. unten). Weiter südlich zwängt sich die Bucht uvala Sepen zwischen die Industrieanlagen des Erdölterminals und die Fabriken von Adria Polymers, die sich in Zukunft in einen Hightech-Industriepark verwandeln sollen.

Etwa auf halber Strecke zwischen Tanks und Strandbucht befinden sich die teilrestaurierten Mauern einer **frühchristlichen Basilika** aus dem 5. Jh., auch bekannt als **Mirine.** Später stand hier ein dem hl. Nikolaus geweihtes Kloster. Nicht weit entfernt, aber nur mit Mühe zu identifizieren, sind die Reste der im 1. Jh. gegründeten römischen **Siedlung Fulfinum** mit Thermenanlage und Forum. Ein Teil der antiken Stadt liegt mittlerweile unter der Wasserlinie.

› **Fulfinum/Mirine** <090>

› **Anfahrt:** Mit dem Auto fährt man in Richtung Industrieanlagen und Friedhof, an der Kreuzung nach dem Friedhof biegt man rechts ab und fährt bis zum Parkplatz an der Sepen-Bucht. Von dort geht man zu Fuß links am Meer entlang bis zur Basilika (ca. 2 km).

047kv-fk

Strände

***Dubec, *Učka, *Pešja:** Die drei Stadtstrände unterhalb von Omišalj mögen eine höhere Beurteilung verdient haben, aber der Blick auf die Industrie ist doch ernüchternd. Der felsige Untergrund wurde mittels Betonplattformen und Einstiegshilfen begradigt. Der Feinkiesstrand Pešja trägt die Blaue Flagge als Prädikat für besondere Sauberkeit von Strand und Meer. Ein Kieferngürtel spendet Schatten. Infrastruktur nur in der Hochsaison vorhanden.

‹ Nach dem Besuch der frühchristlichen Basilika Mirine wird gebadet

Infos und Reisetipps

› **TIC Omišalj** <091> Prikešte 11, Tel. 051 841042, www.visit-omisalj-njivice.hr, Sommer Mo–Sa 9–21 Uhr, im Winter kürzer, Touristeninformation

› **Busstation Omišalj** <092> Pod Orišinu, Verbindungen unter anderem nach Krk-Stadt 46

Unterkünfte

› **Adriatic** €€ <093> Zagradi 39, Tel. 051 842126, www.hoteli-omisalj.hr/hotel-adriatic. Das Pauschalhotel über der Jadran-Bucht stammt noch aus sozialistischer Ära und wurde etwas aufgehübscht. Es genügt einfachen Ansprüchen.

› **Camp Omišalj** <094> Vodotoč 1, Tel. 051 588390, www.campingomisalj.com, Stellplatz 14–28 €, Erw. 7–14 €. Dieser Fünfsterneplatz mit Mobilheimen und komfortablen 100 m²-Stellplätzen, bietet funkelnagelneuen Komfort und leider wenig Schatten. Dafür gibt es einen Pool, einen herrlichen Strand und vielseitige Sportaktivitäten.

› **Pansion Delfin** €€ <095> Stran 22, Tel. 051 425627, www.jadran-crikvenica.hr. Die aus mehreren, übereinander am Hang gestaffelten Einheiten bestehende Anlage ist einfach, aber gastlich. Der Strand ist betoniert.

› **Villa Isabella** €€€ (s. rechts). Schlichte, angenehm eingerichtete Zimmer stehen Gästen hier zur Wahl.

Essen und Trinken

› **Fish House** €€€ <096> uvala Pešja, Tel. 091 9021362, www.facebook.com/creativefishcousine. Fisch bereiten die Eigentümer an der Pešja-Bucht bereits seit fast zwei Jahrzehnten zu. Das Lokal im schicken, türkis-weißen Design mit kreativer Speisekarte präsentiert sich dennoch sehr modern. Die Erfahrung und die Freude am Kochen erlebt man bei jedem Gericht.

› **Konoba Ulikva** €€ <097> put Dudca 20, Tel. 051 841004. Die Konoba ist *die* Institution in Omišalj und berühmt für eine Krker Spezialität: Gulasch mit *šurlice,* eine Art kroatische Fingernudeln. Auch der Fisch ist sehr schmackhaft.

› **Villa Isabella** €€€ <098> Zagradi 39, Tel. 051 841002, http://villa-isabella.com. Reizvolle Lage an der Meerespromenade mit Sonnenuntergangsterrasse, dazu gute kroatische Küche, die mit Fisch und Fleisch überzeugt, und ein ausgesprochen nettes Gastgeberpaar.

36 Njivice ★ [E4]

Im Herzen ist Njivice ein **Fischerdorf** geblieben, auch wenn heute Hotels, Restaurants und Cafés das Stadtbild prägen. Wer im Norden von Krk Ferien machen möchte, findet hier angenehmere Bedingungen als im 7 km entfernten Omišalj 35. Allerdings erwarte man hier nichts Historisches, dafür gibt es schöne **Kiesstrände,** ausgezeichnet mit der Blauen Flagge.

Das Angebot an **sportlichen Aktivitäten** ist groß und wer nicht Paddeln, Tauchen oder Kitesurfen möchte, spaziert die etwas mehr als 1 km lange **Promenade šetalište Antona Koste** nach Süden bis zur Kijac-Bucht entlang. Weiter gen Süden führt der **„Paradiesweg“** (s. S. 65) in den Nachbarort Malinska 37.

Strände

*__Miramare:__ Der Stadtstrand von Njivice besteht teils aus Fels und Kies, teils aus betonierten Plattformen. Gute Infrastruktur.

*__Rosulje:__ Eine kleine Kiesbucht an der Uferpromenade lockt im südlichen Teil von Njivice. Keine Infrastruktur.

**__Kijac:__ Endpunkt der Promenade ist die weite, geschwungene Kiesbucht im Ortsteil Kijac. Schöner Strand, doch wer in dieser Hinsicht empfindlich ist: Hier dürfen auch Hunde ins Wasser. Infrastruktur in der Hochsaison.

**Njivice Camping: Die Uferlinie dieses großen Campingplatzes besteht zumeist aus Grobkies oder betonierten Flächen. Wer Animation und Unterhaltung sucht, ist hier richtig. Gute Infrastruktur.

Infos und Reisetipps

› **TIC Njivice** <099> Ribarska obala 10, Tel. 051 846243, www.visit-omisalj-njivice.hr, Touristeninformation

Unterkünfte

› **Aminess Atea Camping Resort** <100> Primorska cesta 41, Tel. 051 356580, www.aminess.com/de/holiday-homes-aminess-atea-camping-resort, Parzelle 15–60 €, Person 7–15 €. Unter der Ägide von Aminess hat sich das bescheidene, in schattigem Wald gelegene Kamp Njivice in einen Luxusplatz mit Mobilheimen, Villas und Cabanas verwandelt. Auch der Strand wurde runderneuert.

› **Aminess Veya Hotel** €€€ <101> Primorska cesta 29, Tel. 051 858600, www.aminess.com/de/aminess-veya-hotel. Die hübsche Anlage besteht aus mehreren farblich abgestuften, mittelgroßen Häusern an der Uferpromenade und nicht weit vom Zentrum. Zum Hotel gehört auch ein schick gestalteter Strandbereich.

› **Villa Maja** €€€ <102> ul. Nikole Jurjevića 14, Tel. 091 1573663, www.villa-maja.com. Die Villa ist einen Steinwurf vom Meer entfernt und vermietet sechs unterschiedlich große, ansprechend gestaltete Apartments mit Meerblick und jeweils einem kleinen Balkon. Grillgelegenheit auf der großen Terrasse.

Essen und Trinken

› **Kod Dide** €€€ <103> Ribarska obala 17, Tel. 099 3338429. Hier spielen Fisch und der Blick auf Promenade und Jachthafen die Hauptrolle. Sehr feine Küche und flinkes, zuvorkommendes Personal.

› **Konoba Nora** €€€ <104> Ribarska obala 15, Tel. 091 7663098, www.facebook.com/konobanora. Der Clou in diesem behaglichen Restaurant an der Riva ist die Terrasse im ersten Stock, von der Gäste eine wunderbare Sicht auf Hafen und Meer genießen. Fisch wie Fleisch werden auf den Punkt zubereitet und ansprechend serviert.

› **Lounge Bars Veya und Plava Terasa** €€€, im Aminess Veya Hotel (s. links), Tel. 051 661444. Stylische Beach-Bars mit Loungebetten, Drinks und DJ-Sets.

› **Rivica** €€€ <105> Ribarska obala 13, Tel. 051 846101, http://rivica.hr, Mo geschl. Das schicke Lokal an der Uferpromenade komponiert feine Gerichte, vor allem aus Fisch und Meeresfrüchten: Tris von Capesante (Jakobsmuscheln) beispielsweise oder Schwarzes Risotto.

37 Malinska ★★ [E5]

Malinska muss man mögen, denn eigentlich fehlt dem beliebten Badeort das Malerische. Stattdessen gibt es jede Menge Restaurants, Cafés, Ferienwohnungen, Hotels – und natürlich tolle Strände.

Die Region war ursprünglich dicht bewaldet und wurde landwirtschaftlich genutzt. Vom im 18. Jh. erbauten **Hafen** exportierten die Bauern Holz, Olivenöl und Getreide. 1885 wendete sich das Blatt: Der passionierte Jäger **Rudolf von Habsburg,** seines Zeichens Thronfolger, kam zu Besuch und erlegte in den Wäldern eine kapitale Menge an Vögeln und Wild. Im Gefolge der Jagd erstarkte auch der Badetourismus. Seine große Blüte erlebte Malinska in der sozialistischen Ära, in der die Fünf-Sterne-Hotelanlage **Haludovo** zum Aushängeschild der Insel Krk avancierte. Heute fungiert sie als Paradebeispiel für Korruption und Misswirtschaft. Ein russischer Investor und die Pleitebank Alpe Adria versetzten ihr 2002 den Todesstoß.

Malinskas Attraktion ist die **Rajska cesta („Paradiesweg")** zwischen den Ruinen der Hotelanlage Haludovo und dem nördlichen Nachbarort Njivice 36. 3 km führt sie im Schatten von Pinien, Buchen und Steineichen am Meer und an idyllischen Buchten entlang. Radfahrer müssen streckenweise auf den etwas oberhalb verlaufenden **Radweg** ausweichen.

Strände

****Rupa** ✧: Der Kiesstrand im Ortszentrum von Malinska ist wegen des sandigen Untergrunds, des Mini-Aquaparks mit Rutschen und der guten Infrastruktur mit Cafés und Kiosk ideal für Familien mit kleineren Kindern. Nach Norden schließt sich der Strandabschnitt *****Portić** mit Sand und der Kraljiić-Werft an. Diese ist noch immer in Familienbesitz.

****Malinska:** Der mit Betonplattformen und Einstiegshilfen gestaltete Feinkiesstrand zählt zu den populärsten Badeplätzen des gleichnamigen Ortes. Gute Infrastruktur.

****Draga:** Dieser Strand unterhalb des Hotels Malin besteht aus Feinkiesbuchten und betonierten Liegeplätzen. Schatten spendet ein Kiefernwald. Gute Infrastruktur.

****Haludovo:** Ein Hauch sozialistischer Nostalgie umgibt diesen Strandabschnitt unterhalb der Haludovo-Ruine. Fels, Kies und Beton wechseln sich ab, Kiefernwald spendet Schatten. In der Saison öffnet ein Kiosk. Ein Stück nach Norden liegt der malerische, felsige Strandabschnitt ****Rajska plaža** („Paradiesstrand") mit der Beach Bar Paradajz (s. S. 66).

Infos und Reisetipps

› **TCO Malinska** <106> Obala 46, Tel. 051 859207, www.visitmalinska.com, Juni–Mitte Sept. Mo–Sa 8–20, So 9–13 Uhr, Touristeninformation

› **Busstation Malinska** <107> Dubašljanska 76, Verbindungen nach Punat 50 und Krk-Stadt 46

Unterkünfte

› **Marjana** €€ <108> Braće Turčić 20 a, Tel. 051 850279, www.pansionmarijana.hr. Freundlich gestaltete Apartments und Zimmer, ein hübscher Garten und aufmerksame Gastgeber machen diese Pension am Rande von Malinska zu einer angenehmen Alternative zu den Strandhotels. Das dazugehörige Guesthouse Olei, ebenfalls mit Apartments und Zimmern, ist etwas moderner eingerichtet.

› **Turm Krk** €€ <109> Porta Bavaria, Sveti Vid Miholjice 74 a, ca. 800 m östlich

Molenblick auf Malinska

048kv-fk

vom Stadtkern, www.turm-krk.de. Das von drei Deutschen gegründete Unternehmen hat nicht nur attraktiv gelegene, einfach, aber behaglich gestaltete Apartments verschiedener Kategorien im Angebot, sondern auch eine deutschsprachige Website, die nicht nur den Gästen reichlich Infos und Tipps an die Hand gibt.

› **Vila Rova** €€€ <110> Rova 28, Tel. 051 866100, www.hotel-vila-rova.com. Unter den Strandhotels zählt Vila Rova zu den kleineren und das drückt sich auch im persönlichen und individuellen Service aus. Die Zimmer sind geschmackvoll und zeitgemäß eingerichtet. Mit Restaurant, Bar, Pool und Spa. Besonders fein ist die Liegewiese unter Olivenbäumen.

Essen und Trinken

› **Beach Bar Paradajz** € <111> Rajska cesta bb, Tel. 091 3686585, Juni–Sept. Tagsüber Beach-Bar mit kleinen Gerichten, abends Club mit DJ-Sets. Beliebt, nette Atmosphäre.

› **Konoba Bracera** €€€ <112> Kvarnerska 1, Tel. 051 858700, https://braceramalinska.com. Vor allem der Gastraum ist ein gemütlicher Treff von Einheimischen und Besuchern, aber man sitzt auch draußen auf der überdachten Terrasse sehr angenehm. Auf der Karte stehen traditionelle Speisen wie z. B. Oktopus aus der *peka* (Eisenpfanne auf offener Glut).

› **Pizzeria Matteo** € <113> J. Tončića 7, Tel. 051 858150, www.pizzeriamatteo.hr. Riesenpizzen mit fantasievollem Belag und knusprig gebacken, auch zum Mitnehmen.

› **Portić** €€€ <114> Obala 22, Tel. 051 858871. Das Restaurant am gleichnamigen Strand besitzt einen hübschen, am Wasser gelegenen Pavillon. Bodenständige Küche und freundliches Personal erfreuen sowohl mittags wie abends.

Nachtleben

› **Club Boa** €€€ <115> Dubašljanska ul. 76, Tel. 091 3390339, Facebook: ClubBoa MalinskaRijekaRovinj, nur im Sommer. Schwarze Wände, glitzernde Kronleuchter, DJ-Sets und Stimmung bis zum frühen Morgen.

38 Porat ★ [D5]

Die Übergänge zwischen Malinska 37 *und Porat sind fließend und doch wirkt Porat mit seiner älteren Bebauung und dem ehrwürdigen Kloster recht authentisch.*

Keimzelle des Ortes ist das 1480 durch den Frankopanenfürst Ivan VIII. (s. S. 73) gegründete **Franziskanerkloster (Franjevački samostan)** mit der **Kirche Sv. Marije Magdalene** auf einer Anhöhe über dem Meer. Der Konvent mit schlichtem Kreuzgang, Kirche und einem Museum wird derzeit **aufwendig renoviert** und kann nicht besichtigt werden. Vor allem das **Museum**, das neben sakralen Kostbarkeiten auch zahlreiche Objekte der Alltagskultur wie eine Ölmühle *(toš)* zeigt, wird einem umfassenden Facelifting unterzogen. Die Neueröffnung ist für 2024 vorgesehen. Sehenswert im ursprünglich gotischen Gotteshaus ist das kostbare **Polyptychon** der venezianischen Renaissancemaler Girolamo und Francesco da Santacroce.

› **Franjevački samostan** <116> Porat 28, Tel. 051 867048, nur nach Voranmeldung, Auskunft bei der Touristinformation TCO Malinska (s. S. 65)

Strand

***Uhić: Drei Sterne für die Vielseitigkeit: Von der Feinkies- zur Felsbucht und von betonierten Terrassen bis hin zu Kiefernwald bietet der Strand unterhalb des Hotels Pinia in Porat eigentlich alles, was das Herz begehrt. Gute Infrastruktur.

Unterkünfte

› **Hotel Pinia** €€€ <117> Porat 31, Tel. 051 866333, www.hotel-pinia.hr. Das Familienhotel steht am Westrand von Porat oberhalb eines schönen Strandes mit großer Liegewiese, die sich zum Meer hinabstreckt. Neben einem hervorragenden Restaurant finden Gäste hier zudem ein gut ausgestattetes Spa mit Indoor-Pool.

› **Villa Margaret** €€€€ <118> Porat 25, Tel. 051 867023, www.villamargaret.com. Neu erbaut, mit viel Glas und elegant am Hang gegenüber von Malinska gelegen. Das Hotel in Porat lockt mit Pool, exzellentem Restaurant, großer Liegewiese, Felsstrand und fantastischer Sicht übers Wasser.

Essen und Trinken

› **Konoba Porat** €€€ <119> Porat 16, Tel. 051 867046. Das einladende Lokal ist direkt am Hafen gelegen und bietet neben gutbürgerlicher kroatischer Kost auch einen Blick auf das bunte Treiben auf der Promenade.

39 Kirche Sv. Kriševan ★ [D6]

Ob das **im Wald verborgene Kirchlein** aus dem 5. bis 7. Jh., wie erste Schätzungen vermuteten, oder doch erst aus dem 12. Jh. stammt, ist völlig egal, denn hier zählt die Lage mindestens ebenso sehr wie der kulturhistorische Wert. Bemerkenswert sind die beiden im Mauerwerk ausgesparten Doppelkreuze, der einzige Schmuck dieser schlichten, frühromanischen Kuppelkirche.

› **Anfahrt:** Die Kirche ist per Rad oder Auto am einfachsten vom Dorf Milohnići [D6] aus zu erreichen (ca. 2,3 km bis zur Parkmöglichkeit, dann einige Schritte zu Fuß). Von Glavotok 40 aus gibt es auch einen hübschen **Wanderweg** am Meer entlang (ca. 3 km).

Strand

***__Bujina:__ Idyllischer Strand unweit der Kirche Sv. Kriševan mit Feinkies, Fels und ausreichend Schatten, wenig besucht und ohne Infrastruktur.

40 Glavotok ★★ [C6]

Kloster mit Wald und Strand: Glavotok ist ein idyllisches Fleckchen mit kulturellem Touch für Freunde unberührter Natur.

Das **Franziskanerkloster Glavotok (Franjevački samostan Glavotok)** geht auf die Frankopanen (s. S. 73) zurück. Sie besaßen hier bereits 1277 ein Sommerhaus mit Kapelle und übertrugen das Anwesen 1468 den Franziskanern. 1507 konnte die **Kirche der Unbefleckten Empfängnis**

049kv-fk

Das Franziskanerkloster steht am Hafen von Glavotok

MEIN TIPP

Nachhaltig campen

Im **Camp Glavotok,** 16 km südwestlich von Porat 38 gelegen, legt man nicht nur Wert darauf, Wasser und Elektrizität zu sparen, Müll zu trennen und Abwässer in der eigenen Kläranlage zu reinigen, auch die Aktivitäten orientieren sich am **Prinzip der Umweltverträglichkeit.** In herrlicher Lage auf einer Halbinsel und umgeben von Feinkiesstrand gruppieren sich großzügige Parzellen, Mobilheime und Villen genannte Bungalows.

Vorbildlich ist das Programm der **Tauchschule Correct Diving** (s. S. 107), die eine eigene **meeresbiologische Station** unterhält (www.mare-vivum.eu). Hier können Interessierte an Vorträgen, Workshops oder auch meeresbiologisch orientierten **Exkursionen** zu Fuß oder per Kajak teilnehmen.

› **Camp Glavotok** <122> Glavotok 4, Brzac, Tel. 051 867880, www.kamp-glavotok.hr, Stellplatz 7–60 €, Erw. 5–17 €

Mariens (Crkva Bezgriješnog začeća Marijinog) geweiht werden. Das weitere Schicksal des Klosters bestimmten der steigende Wasserspiegel und Piratenüberfälle. Heute wirkt es aufgrund der deshalb errichteten Barrieren, darunter ein massives Tor, ziemlich unnahbar und bleibt auch **Besuchern verschlossen.**

Falls die **Kirche,** ein hübscher Bau der späten Renaissance, geöffnet ist, lohnt ein Blick auf das dreiteilige **Altarbild**, das angeblich von Girolamo da Santacroce (1480–1556) stammt. Interessant sind ferner die **glagolitischen Schriftzeichen** (s. S. 22) auf der Sonnenuhr der Außenmauer. Wie die Mönche in Porat 38 folgen die Franziskaner hier dem altkroatischen, glagolitischen Ritus.

Eine wahres Schmuckstück stellt der **idyllische Badeplatz** vor dem Gotteshaus dar, eine Grobkiesbucht umgeben von schattigem Wald (allerdings ohne Infrastruktur).

› **Anfahrt:** mit dem Auto von Malinska 37 10 km nach Süden, dann Stichstraße 9 km nach Westen bis Glavotok folgen

Unterkunft

› **Mali Raj** <120> Glavotok 10, Brzac, Tel. 098 416719, auf Facebook, Stellplatz um 40 €, Mai–Okt. „Kleines Paradies" heißt dieser Campingplatz nicht zufällig. Er ist wirklich ein Refugium mit nur 20 Stellplätzen unter schattigen Olivenbäumen, mit sauberen, modernen Sanitäranlagen, himmlischer Ruhe und Blick auf das ca. 300 m entfernte Meer.

Essen und Trinken

› **Pod Prevold** €€ <121> Milohnići 16, Tel. 051 862149. Der urige Landgasthof befindet sich auf dem Weg in Richtung Sv. Kriševan und ist stets gut besucht. Heimische Spezialitäten wie Gulasch mit *šurlice,* Lamm aus der *peka* oder Spanferkel, aber auch Fisch munden auf den rustikalen Holzbänken des alten Steinhauses besonders gut.

41 Dobrinj ★★ [F5]

Von alten Steinhäusern gesäumte, steile Gassen führen in Dobrinjs Altstadt auf den zentralen Platz Placa zu.

Der 200 m hohe Felssporn schien Dobrinj Schutz genug. Die **Frankopanenfürsten** (s. S. 73) verzichteten darauf, die schon in illyrischer Zeit besiedelte Anhöhe mit Mauern zu sichern, was der Stadt einige Piratenüberfälle einbrachte. Neben Vrbnik 53 gilt Dobrinj als **Zentrum der glagolitischen Schrift** (s. S. 22) auf der Insel Krk. Welche Rolle die Glagolica spielt, sieht man schon daran, dass der Name des städtischen Hauptplatzes **Placa** auf einer Steinplatte sowohl in lateinischer als auch in glagolitischer Schrift eingemeißelt ist. Die große **Kirche Sv. Trojica** etwas oberhalb des Platzes stammt aus dem 18. Jh. und ist der Heiligen Dreifaltigkeit geweiht. Ihr Glockenturm steht etwas abseits. Von der **Aussichtsterrasse** davor genießt man einen herrlichen Blick über dichtes Grün bis zur Küste und Soline-Bucht 44. Hier befindet sich auch der Zugang zum **Jardim**, dem Dobrinjer Stadtpark. Bei genauem Hinsehen sind zwei kreisrunde Vertiefungen in der Mauer an der Treppe zu entdecken: Es handelt sich um das venezianische Hohlmaß für Getreide und Öl.

Ein paar Schritte weiter nach Norden erreicht man die **Pfarrkirche Sv. Stjepan**, deren Geschichte bis ins Jahr 1100 zurückreicht. Das spätgotisch-barocke Gotteshaus besitzt eine überdachte Vorhalle mit glagolitischer Inschrift aus dem 16. Jh. und steht in großartiger Panoramalage mit Sicht zum Meer und auf die Festlandsküste.

In dem auffällig farbenfrohen Haus auf der Placa hat die **Stiftung Peter Infeld** ihren Sitz. Der österreichische Sammler **Peter Infeld** (1942–2009) ließ es in den 1990er-Jahren renovieren. Seine Familie zeigt darin seither jeden Sommer ausgewählte Exponate der Kunstsammlung, die u. a. Werke von Egon Schiele, Arik Brauer und Friedensreich Hundertwasser sowie etlicher kroatischer Künstler umfasst.

› **Infeld Kulturzentrum Dobrinj** <123> Placa, www.infeld.net, Juli/Aug. tgl. 10–13, 18–22, Sept. tgl. 10–13, 17–21 Uhr, Eintritt frei

Infos und Reisetipps

› **TZ Dobrinj** <124> Stara cesta bb, Šilo, Tel. 051 852107, www.visitdobrinj.hr. Touristeninformation von Dobrinj im benachbarten Šilo. In Dobrinj selbst gibt es kein Infobüro.

Essen und Trinken

› **Konoba Zora** €€ <125> Dobrinj 73, Tel. 051 848250. Für das Traditionsgericht *šurlice* (Fingernudeln) gilt Zora als die Feinschmeckeradresse, wobei Feinschmecker hier eher das Urige und Authentische meint. Dazu wird Gulasch gegessen.

› **Kušaonica Štirna** €€ <126> Dobrinj 44, Tel. 091 5799198, www.facebook.com/stirnadobrinj, im Sommer tgl. 18–23 Uhr. Museum, Feinkostgeschäft und Imbiss in einem. Es gibt regionale Produkte zum Verkosten und Mitnehmen, dazu eine ethnografische Sammlung traditioneller Werkzeuge, Haushaltsutensilien etc.

050kv-fk

› *Dobrinj liegt inmitten üppiger Natur*

42 Sv. Vid Dobrinjski ★★ [F5]

Der mächtige Kirchturm von Sv. Vid am Rande eines bescheidenen Dorfes ist eine Wucht! Wie Sv. Stjepan in Dobrinj 41 wird auch die **Kirche des hl. Veit** in einer glagolitischen Urkunde von 1100 erstmals erwähnt. Ein nicht unbescheidener „berühmter Dragoslav“ stiftete das Gotteshaus und seinen 14 m hohen Turm in dem 1 km östlich von Dobrinj gelegenen, gleichnamigen Dorf. Das Kirchlein steht etwas abseits, umgeben von Kastanien und Steineichen, man folge dem **Hinweisschild „crkva“.**

43 Šilo ★ [F5]

Der ehemalige Fischerort empfiehlt sich wegen seiner schönen Strände und dem **Blick auf das Festland** zum K.-u.-k.-Seebad Crikvenica. Šilo staffelt sich an einem Hang bis hinab zum kleinen **Hafen mit Pier.** Umgeben ist das Städtchen von hübschen **Strandbuchten** und bietet sich deshalb für einen ruhigen Badeurlaub an. An den früher für die Siedlung wichtigen **Thunfischfang** erinnert eine *tunera* auf der Landzunge **Punta Šilo.** Die schräg gestellte Aussichtsplattform diente als Beobachtungswarte, von der aus Alarm gegeben wurde, wenn Tunfischschwärme vor der Insel auftauchten.

10 km nach Südwesten erreicht man die Badebucht **Sv. Marak** 55.

Strände

***Punta Šilo:** Die drei Strände an der Westseite der Halbinsel, **Mala Konjska, Konjska** und **Tiha** (Achtung, Hundestrand), bestehen aus gut vor dem Wind geschützten Kies-Fels-Buchten. Infrastruktur gibt es nur in Mala Konjska, das zum Campingplatz Tiha (s. rechts) gehört.

****Pješčana**: Der Hauptstrand von Šilo mit Sand-Kies-Untergrund ist seit Jahren Träger der Blauen Flagge. Er ist flach und daher gut für kleinere Kinder geeignet.

Unterkünfte

› **Kamp Tiha Šilo** <127> Konjska bb, Tel. 051 852120, https://malin-krk.com, Preis auf Anfrage. 190 Stellplätze und Vermietung von Mobilheimen auf einem 4 ha großen, schattigen Areal direkt am Meer.

› **Pansion Tina** €€ <128> Kostrij 44, Tel. 099 2852303, www.pansion-tina.com. Acht modern ausgestattete Apartments in einer familiären Person mit kleinem Pool und Restaurant.

Essen und Trinken

› **Bistro Macao** €€ <129> Nova cesta 3, Tel. 098 6048465, www.bistromacao-catering.com.hr. Dank der guten Lage am Hafen ist dies der Platzhirsch in Šilo. Das Essen schmeckt, die Portionen sind riesig.

› **Pekara Ilirija** € <130> ul. na Vodici 6 a. In der Hochsaison den ganzen Tag, sonst nur vormittags bietet die Bäckerei süße und salzige Snacks sowie gutes Brot.

44 Soline-Bucht ★ [F5]

Eine Schönheit ist die ebene Bucht nicht, dafür bietet sie einen freien Blick auf das Festland mit dem majestätischen Velebit-Gebirge und ist ideal zum Baden.

Das flache Ufer eignet sich bestens zur **Salzgewinnung,** die hier seit der Römerzeit betrieben wurde und der Bucht ihren Namen gab: Soline bedeutet Saline. Heute werden im flachen Wasser Muscheln gezüchtet.

Die **drei Siedlungen** an der Bucht, **Soline, Klimno** und **Čižići,** sind unspektakuläre Orte ohne besondere Attraktion – bis auf die **Strände,** die mit Sand und flachem Wasser

051kv-fk

vor allem **Familien mit Kleinkindern** ansprechen. Das **Unterkunftsangebot** ist mit Apartments und Ferienhäusern auf Selbstversorger zugeschnitten. Ungemütlich wird es immer dann, wenn die **Bura** (s. S. 118) weht – sie findet nämlich in der flachen Bucht keinen Widerstand und kann gehörig wüten.

Spuren der Antike finden sich vielerorts an der Soline-Bucht, allerdings größtenteils unter der Wasserlinie. Dort, wo das mittelalterliche Kirchlein **Sv. Petar** 1 km nördlich von Čižići über die Küstenlinie wacht, verbergen sich im Meer beispielsweise Fundamente einer römischen Ziegelei.

Ob es nun Aberglaube ist oder nicht: Der **schwarze Schlamm** am Strand von Čižići (plaža Meline) gilt als besonders **heilkräftig**, weshalb man in diesem Bereich auf zahllose Menschen trifft, die sich damit eingerieben haben.

Gut für die Haut: schwarzer Salzschlamm in der Soline-Bucht

Strände

****Soline Bay**: Ein sehr flacher und kinderfreundlicher Kiesstrand mit schattiger Liegewiese im Ort Soline.

***Komoriska:** Kleine Sandbucht südlich von Soline, oberhalb derer Kiefern Schatten spenden.

***Meline:** Den natürlichen Fangoablagerungen am Strand von Čižići sprechen viele besondere Heilkraft zu. Kinder finden diese „Schlammschlacht" besonders lustig.

*****Sv. Petar:** In der schattigen Kiesbucht unterhalb der mittelalterlichen Kirchenruine ist man oft alleine. Vom Parkplatz geht man ca. 200 m zu Fuß und durch zwei Gatter (unbedingt wieder schließen!).

Essen und Trinken

› **Bistro Fango** €-€€ <131> Čižići 314, Tel. 092 3006242. Pizza, Fisch und Meeresfrüchte in rustikalem Rahmen mit Blick auf die Bucht. Keine Feinschmeckerküche, aber solide Kochkunst.

› **Restaurant Žal** €€€ <132> Klimno 44, Tel. 051 853142, www.restaurant-zal.com. Tolle Lage direkt am Wasser und ein Küchenteam, das aus Fisch und Meeresfrüchten wunderbare Kreationen zaubert. Natürlich gibt es auch die für Krk typischen Teigwaren, bunte Salate und perfekt gegrilltes Fleisch.

45 Tropfsteinhöhle Špilja Biserujka ★★★ [F4]

Die Besonderheiten der Karstlandschaft mit ihren Höhlen, Einsturztrichtern und der kargen Vegetation wird nirgends so deutlich wie im Umfeld dieser Tropfsteinhöhle.

Über 50 Höhlen soll es auf Krk geben. Biserujka beim Weiler Rudine ist die einzige, die als **Schauhöhle** zugänglich ist. Bereits bei der **Anfahrt von Čižići** [F4] **aus** lohnt es, auf die

Umgebung zu achten. Steinübersäte Felder, Fels, Macchia-Vegetation und immer wieder trichterförmige Absenkungen prägen die Landschaft. Sie entstehen, wenn darunterliegende Hohlräume einstürzen – ein typisches Karstphänomen. In **Rudine** [F4] mit seinen geduckten, alten Steinhäusern und Schafweiden scheint die Zeit stehen geblieben. Noch ein Stück weiter trifft man dann in völlig ebener Landschaft auf den **Zugang** zur Höhle.

Durch einen **Einsturztrichter** geht es hinab in die 110 m lange Tropfsteinhöhle, die an der tiefsten Stelle 12 m unter der Oberfläche liegt. **Stalaktiten** und **Stalagmiten** haben sie in ein unterirdischen Märchenreich verwandelt, zu dessen Zauber die geschickte Beleuchtung und die unterschiedlichen Farben nicht unwesentlich beitragen. Je nach geologischer Beschaffenheit und Eisenanteil sind die Tropfsteine grauweiß, rötlich oder gar fast schwarz. *Biser* heißt „Perle" und der Name ist angesichts des unterirdischen Geglitzers sicher nicht falsch gewählt.

› Rudine 5, Tel. 098 211630, www.spilja-biserujka.com.hr, April u. Okt. tgl. 10–15, Mai/Juni tgl. 9–17, Juli/Aug. tgl. 9–18, Sept. tgl. 10–17 Uhr, Eintritt: 6 €

Inselhauptstadt Krk und die Inselmitte

Krk-Stadt 46 an der Westküste ist die **größte Inselhauptstadt** im Kvarner Archipel. Die Altstadt mit ihren vielen Kulturdenkmälern ist ebenso reizvoll wie das vielseitige Shopping- und Restaurantangebot. Nordwestlich davon liegt **Valbiska** [D7], der **Fährhafen** für Fahrten nach Cres und Rab. Südlich von Krk-Stadt, in der Bucht von Punat 50, dreht sich alles um **Wassersport und Badefreuden**, während Vrbnik 53 an der Ostküste ganz im Zeichen eines ganz besonderen **Weißweins** steht. Völlig abgelegen im Südosten, aber nur von Punat aus zu erreichen, reihen sich **malerische Strandbuchten** um das ehemalige Piratendorf Stara Baška [G8].

46 Krk-Stadt ★★★ [E7]

Wie ein Theaterrund öffnet sich die am Hang klebende Altstadt zur **Bucht Krčki zaljev.** Einfahrenden Booten bietet sich das Bild eines bunten Häuserpuzzles, aus dem der Glockenturm der **Kathedrale** 47 in den Himmel ragt. Eine Reihe reizvoller

052kv-fk

Strände (s. S. 76) rahmt die Altstadt ein. Gleich **zwei Klöster** begrüßen die Besucher von Krk. Jenes der **Benediktinerinnen** bleibt Fremden verschlossen, dafür hält das **Franziskanerkloster (Franjevački samostan)** mit der **Kirche Sv. Franje Asiškog** Interessantes bereit. Es stammt aus dem 13. Jh. und markiert den nördlichen Stadteingang, der mit einer gelungenen Kombination aus Alt und Neu überrascht. Über dem Eingang zum Kloster wacht eine der seltenen Darstellungen des **Markuslöwen** mit geschlossenem Buch – ein Symbol dafür, dass sich die Serenissima (Beiname der Republik Venedig) zum Zeitpunkt des Baus im 13. Jh. im Krieg befand. Der Konvent selbst ist meist zugänglich und zeigt einen schlichten Barockkreuzgang mit Zisterne. Die **sakrale Sammlung** im Kloster ist leider seit Jahren **wegen Renovierung geschlossen.**

Den großen Platz hinter dem Kloster, **trg Glagoljaša**, nimmt die Volksschule Krk mit einer großen Sporthalle ein. Trotz postmoderner Architektur fügt sie sich gut in das Altstadtensemble. Schräg gegenüber steht das dreischiffige romanische Gotteshaus **Majka božja od zdravlja.**

Die Umgebung der Kathedrale und die Vela placa 49 eignen sich für einen **Einkaufsbummel** (lohnende Geschäfte s. S. 77). Vor allem für Familien mit Kindern empfiehlt sich ein Besuch des **Tropischen Aquariums** und des **Aquarium Terrarium** (s. S. 128).

› **Franjevački samostan,**
ul. Stjepana Radića

Umgang auf den Mauern des Kastells 48, das Krk-Stadt bewacht

KURZ & KNAPP

Krk und die Frankopanen

Krk teilte das Schicksal der Insel mit aufeinanderfolgenden Besatzern und erlebte schließlich ab dem 12. Jh. unter dem von der Insel stammenden, **kroatischen Fürstengeschlecht** der Frankopanen eine wenn auch kurze Blüte. An die Macht kamen die Frankopanen mithilfe **Venedigs,** das Krk 1118 eroberte und **Fürst Dujam I.** als Statthalter bestellte. Dessen Söhne **Bartol** und **Vid** übernahmen 1163 das Amt vom Vater, verließen den Stammsitz in Gradec 54 und installierten sich in Krk-Stadt 46, wo sie das Kastell 48 und die Kathedrale 47 ausbauten. Obwohl sie von Venedig abhängig waren, lavierten die Frankopanenherrscher geschickt zwischen den damaligen Großmächten in Venedig, Konstantinopel und Wien und erhielten sich so eine gewisse Unabhängigkeit. 1430 legitimierten sie den Machtanspruch mit einem römischen Namen, jenem des Adelsgeschlechts der **Frangipani.** Der Papst erkannte diese (konstruierte) Abkunft an, doch Venedig ließ sich nicht beeindrucken. Ende des 15. Jh. setzte die Serenissima Fürst Ivan Frankopan fest und schickte einen venezianischen Verwalter.

47 Kathedrale und Sv. Kvirin ★★★ [E7]

Meerwärts und bergab führen die Gassen in Richtung Kathedrale, deren zwiebelförmig bekrönter Turm schon von Weitem grüßt. In diesem Teil der Stadt reihen sich Souvenirläden, Cafés und Restaurants aneinander.

Der **Dom Mariä Himmelfahrt,** so der Name der Kathedrale, besitzt eine eigenwillige Baugeschichte: Aus einer im 1. Jh. n. Chr. erbauten römischen Therme erwuchs um das 4. Jh. ein christliches Baptisterium und hundert

Jahre später eine repräsentative Basilika. Um das 12. Jh. besaß die Kirche eine imposante **Altarschranke** (derzeit ausgestellt in Sv. Kvirin) und erhielt ihren heutigen Säulenschmuck mit unterschiedlichen Kapitellen. Um die gleiche Zeit nahm die **Kirche Sv. Kvirin** direkt neben dem Dom Gestalt an und die beiden Gotteshäuser wurden miteinander verbunden. 1450 kam eine spätgotische Kapelle mit Kreuzgratgewölbe hinzu, in der erstmals das neue **Wappen** der nun „geadelten" **Frankopanen** (s. S. 73) auftaucht: Es zeigt zwei Hunde, ein Brot brechend, und steht gleichwertig neben dem alten Frankopanenstern. Eigenwillig sind auch die beiden Marmorkanzeln.

Der **hl. Quirin** wird als **Schutzpatron** von Krk-Stadt 46 verehrt. Das ihm geweihte, romanische Gotteshaus unmittelbar neben der Kathedrale ist der romanischen Kirche Sv. Margarete (nicht zugänglich) aufgesattelt. Das Gotteshaus ist eine ungewöhnliche Konstruktion, die lange Zeit mit der Kathedrale verbunden war. Man vermutet, dass die adeligen Damen von hier der Messe im Dom beiwohnten. Heute führt nur noch eine Tür von Sv. Kvirin in den Dom. Die Kirche selbst fungiert als **Sakralmuseum (Sakralni muzej)** mit herausragenden Exponaten, etwa dem Polyptychon (Flügelaltar) des Malers Paolo Veneziano aus dem Jahr 1340, das ursprünglich die Kirche Sv. Lucija in Jurandvor 57 schmückte, und der ebenfalls aus Venedig stammenden Holzskulptur des hl. Quirin als Bischof aus dem 15. Jh.

- **Katedrala Uznesenja Blažene Djevice Marije,** ul. Antuna Mahnića, tgl. 9.30–13.30 Uhr
- **Sv. Kvirin (Sakralni muzej),** Tel. 051 221018, zum Zeitpunkt der Aktualisierung **geschlossen**, Wiederöffnung ungewiss

48 Kastell mit Stadtmauer ★★★ [E7]

Zwischen dem 12. und 18. Jh. entstanden die Stadtmauer und Festungsanlagen von Krk, die rund um den Platz trg Kamplin besonders eindrucksvoll wirken.

Mit dem Umzug der Frankopanenherrscher in die mittelalterliche Stadt begann der Ausbau der teils noch römischen Mauern. Die auf weite Strecken von der Wehrmauer umschlossene Altstadt besaß einst vier große und mehrere kleine Tore. Erhalten ist nur eines: **Mala vrata**, das kleine Stadttor, das von der Seeseite in die Altstadt führt. Über dem Durchgang zeigt eine **Steintafel** das Bild des Stadtpatrons Kvirin (zwischen Konoba Šime und Konoba Corsaro). Einige Schritte nach Westen bewacht der **fünfeckige Festungsturm** vom Beginn des 15. Jh. die Südwestflanke. Dieser war ursprünglich wohl höher. Interessant ist hier das eingemauerte Relief eines römischen Grabsteins, das ein Paar darstellt. Darüber prangt das ursprüngliche Wappen der Frankopanen, ein fünfzackiger Stern.

053kv-fk

Als neuen Herrschersitz errichteten Bartol und Vid Frankopan das **Kastell (kaštel)** auf dem heutigen trg Kamplin. Eine Inschrift auf dem Festungsturm nennt das Jahr der Fertigstellung: 1191. Andere Gebäudeteile entstanden später unter venezianischer Herrschaft, ewa der mehrmals umgebaute **Rundturm** mit dem **Markuslöwen** (um 1500). Eine kleine **Ausstellung** zeigt archäologische Funde aus dem Kastell und Exponate zur Geschichte der Stadt. Bei den phallusförmigen Steinsäulen in der Wehrmauer handelt es sich um **Cipi** (von lat. Singular *cipus*), also um Grabmäler, die im Zeitraum vom 1. Jh. v. Chr. bis zum 4. Jh. n. Chr. vor allem in der Kvarner Region und in Dalmatien verbreitet waren. Vom **Wehrgang** blickt man auf Altstadt und Meer.

› trg Kamplin, Tel. 098 726884, www.kastel-krk.com, im Sommer tgl. 9–22 Uhr, Eintritt: 4 €

49 Vela placa ★★★ [E7]

Der repräsentative Platz an der Südwestecke ist Mittel- und Treffpunkt der Stadt. Römische Fundamente verbergen sich inmitten einer Bar.

Vom Hafen kommend grüßt zunächst ein „Turm" die Besucher – es handelt sich um das **Rathaus**, das auf Anweisung des venezianischen Statthalters Antonio Vinciguerra 1489 erbaut wurde. Auf dessen Initiative geht auch die **Zisterne** in der Mitte des Platzes zurück, die in der Renaissance ihren eleganten Brunnen mit Reliefs des hl. Quirin erhielt. **Römische Spuren** gibt es im Keller der beliebten Tages- und Nachtbar **Volsonis** (s. S. 77) zu entdecken. Dort haben Archäologen Mauerwerk der römischen Stadtbefestigung entdeckt und einen Venus geweihten Opferaltar (Besichtigung während der Öffnungszeiten).

054kv-fk

MEIN TIPP

Römisches im Keller

Die Stadtmauerreste in der Bar Volsonis (s. S. 77) sind nicht das einzige im Untergrund entdeckte römische Relikt. Weiteres Anschauungsmaterial findet sich entlang der Gasse **Ribarska ulica:** Im Café Mate (auch Café Mozaik) verbirgt sich das Fragment eines **Mosaikfußbodens** aus dem 1. Jh. mit einer Darstellung der Wassergottheit Triton. Ein Stück weiter nach Süden haben Archäologen in einem Ladengeschäft eine Art Apsis ausgegraben, in deren Zentrum ein **Sockel** steht. Man vermutet, hier auf den **Venustempel** gestoßen zu sein, der Sockel diente vermutlich als Standort einer Statue (im Streetwear-Laden Memento, ul. Antuna Mahnića 3).

⌃ *Lebhaft geht es auf dem Vela placa von Krk-Stadt zu*

‹ *Hohe steinerne Mauern: Blick ins Innere des Kastells*

Strände

***Porporela:** Nur fünf Minuten zu Fuß vom Zentrum in Richtung Westen wechseln sich Felsabschnitte und Kies ab. Im Sommer findet man hier eine gute Infrastruktur vor.

****Portapisana:** In der ersten Bucht östlich der Altstadt locken Fels, Kies und der Ausblick auf die historischen Mauern. Infrastruktur nur im Sommer.

****Dražica:** Strandbucht rund 1 km östlich des Stadtkerns, unterhalb des gleichnamigen Hotels mit Fels und betonierten Badeplattformen. Blaue Flagge. Infrastruktur nur im Sommer.

****Koralj:** Der noch weiter östlich der Altstadt vor dem Hotel Koralj gelegene Strand trägt die Blaue Flagge und besteht aus Kies und Sandboden im Meer. Kiefern spenden Schatten. Gute Infrastruktur.

****Jert:** 11 km westlich der Stadt und unweit des Fährhafens Valbiska erstreckt sich bei Pinezići diese hübsche Feinkiesbucht, die ebenfalls mit der Blauen Flagge ausgezeichnet ist. Im Sommer mit Strandbar.

Infos und Reisetipps

› **TZ Krk-Stadt** <133> Strossmayera 9, Tel. 051 220226, www.tz-krk.hr, Touristeninformation. Erhältlich sind ein Stadtplan und kostenloses Infomaterial.

› **Busstation Krk-Stadt** <134> šet. Sv. Bernardina 3, Verbindungen nach Punat 50, Malinska 37, Baška 58 sowie Rijeka und Crikvenica

› **Cycling Union Krk (1)** <135> Omišaljska ul. 16, Tel. 099 6730424, http://cyclingunionkrk.com. Verleih von gut gewarteten, modernen Rädern und E-Bikes, je nach Rad 12–30 €/Tag.

› **Parken:** Parkplätze sind rar. Wer also nicht mit öffentlichen Verkehrsmitteln anreist, stellt sein Fahrzeug am besten zentral oberhalb der Altstadt am Franziskanerkloster ab.

Unterkünfte

› **Boutique Hotel Placa** €€€ <136> Ribarska 5, Tel. 051 587429, www.hotel-placa.com. Fünf stilvoll gestaltete Zimmer im Herzen der Altstadt, und zwar dort, wo sich früher die römische Therme befand.

› **Koralj Hotel** €€€ <137> ul. Vlade Tomašića 38, Tel. 051 465000, www.valamar.com/de/hotels-krk/valamar-koralj-romantic-hotel. Wer zentrums- und strandnah wohnen möchte, findet hier die ideale Kombination. In die Altstadt ist es knapp 1 km. Das Hotel ist modern und freundlich ausgestattet, die Zimmer sind allerdings nicht sehr groß.

› **Krk Premium Camping Resort** <138> ul. Narodnog preporoda 80, Tel. 052 465000, www.valamar.com/de/camping-krk/krk-camping-resort, Camping-Chalet für 4 Pers. um 120 €. Ist das noch Camping oder schon Glamping? Das Resort ist topmodern, besitzt elegante Mobilheime, ein Spa mit Sauna und Pool, einen Wasserspielplatz für Kinder und viele Extras mehr.

› **Lola Dream** €€€ <139> Istarski prolaz 5, Tel. 091 9352073, www.lola-dream.com. Ein Bed & Breakfast mit nur einem Zimmer – trotzdem eine Empfehlung, denn es ist so zentral gelegen und so bezaubernd eingerichtet, dass es richtig Spaß macht, hier zu wohnen. Rechtzeitig reservieren!

› **Marina Hotel & Restaurant** €€€€ <140> Obala hrvatske mornarice 17, Tel. 051 221128, https://hotelikrk.hr/de/boutique-hotel-marina. Direkt an der Uferpromenade gelegen und mit zehn geschmackvoll-modern gestalteten Zimmern recht intim und übersichtlich, ist das Marina die ideale Unterkunft für betuchte Individualisten, die den Stadtbummel dem Strandleben vorziehen.

Wenn die Bewohner Siesta halten, ist es in der Altstadt von Krk ruhig

Essen und Trinken

› **Galija** €€ <141> Frankopanska 38, Tel. 051 221250, www.galijakrk.com. Hier landen alle, die eine richtig gute Pizza wollen. Sie sind kross, fantasievoll belegt und stillen auch größeren Hunger.

› **Konoba Corsaro** €€€ <142> Obala hrvatske mornarice 2, Tel. 098 775968, auf Facebook. Entlang der Hafenpromenade reiht sich ein Lokal ans nächste. Dieses hier hat einen besonders attraktiven Freisitz und neben den üblichen Fisch- und Fleischgerichten auch einige kreative Salate auf der Karte.

› **Konoba Nono** €€€ <143> ul. Krčkih iseljenika 8, Tel. 051 222221, www.nonokrk.com. Nicht ganz einfach zu finden, da außerhalb der Stadtmauer gelegen. Angefangen hat Nono als Olivenölmühle, dann kam das rustikale Restaurant mit großem Garten und herzhafter Mittelmeerküche dazu. Selbst gefertigte Produkte wie Öl und Schinken können hier verkostet und auch vor Ort gekauft werden.

› **Malo Misto wine & dine** €€ <144> ul. J. Strossmayera 3, Tel. 099 8514090, auf Facebook, tgl. mittags u. abends. Ein verstecktes, gemütliches und familiäres Restaurant, in dem die Qualität der Produkte die Hauptrolle spielt. Das Ergebnis: sehr gute Fischküche, die über die üblichen Standardgerichte weit hinausgeht, und feine Weinauswahl.

› **Viktor & Koko** €€ <145> Antuna Mahnića 17, Tel. 091 5396474, auf Facebook. In dieser einladenden Bar schenken Viktor und Koko die besten Weine Kroatiens aus und servieren dazu üppige Vorspeisenteller mit Schinken, Käse und Früchten.

› **Volsonis & Secret Garden** €€€ <146> Vela placa 8, Tel. 051 880249, www.volsonis.hr. Vom Frühstück bis zum Gute-Nacht-Drink mit DJ-Set sorgt Volsonis fast rund um die Uhr um das Wohl seiner zumeist jugendlichen Gäste. Im Keller verbergen sich römische Fundamente (s. S. 75) und hinter der Stadtmauer ein wirklich bezaubernder Garten. Außerdem kann sich an Pizza und Pasta laben. Warum also woandershin gehen?

Einkaufen

› **Atelier Krčanka** <147> J. J. Strossmayera 11 a. Hübsche Keramik und andere inseltypische Souvenirs lassen sich hier erwerben.

› **Galerija Dagmar** <148> Vela placa 4, auf Facebook. Die Galerija Dagmar stellt Gemälde und Schmuck aus – beides eigenwillig und faszinierend.

› **Galerija Fortis** <149> Dr. Dinka Vitezića 4–12. Die Galerija Fortis ist Museum und Galerie in einem und gilt als Institution. Neben zeitgenössischer Kunst stellt die Besitzerin, Frau Samblica, auch ihre Sammlung römischer und prähistorischer Artefakte aus.

› **Kuća krčkog pršuta** <150> Bok od Brozića 40, Vrh, ca. 5 km nordwestlich von Krk-Stadt, www.kuca-krckog-prsuta.com. Ein Ausflug nach Vrh gefällig? Hier reift feinster luftgetrockneter Schinken der Vollendung entgegen. Die salzgeschwängerte Luft verleiht ihm das besondere Aroma. Besucher können die verschiedenen Schinkensorten verkosten und kaufen.

055kv-fk

› **Rukotvorine Krk** <151> Dr. Dinka Vitezića 16, auf Facebook. Die 20 Mitglieder der Genossenschaft Rukotvorine Krk veranstalten Workshops, in denen aus Ton, Abfallglas, Treibholz und Schafwolle hübsche Sachen entstehen, die man gegen eine Spende kaufen kann. Auch selbst gesammelte Kräuter und daraus hergestellte Liköre stehen zur Wahl.

Punat und Umgebung

Die **Bucht Puntarska draga** 5 km östlich von Krk-Stadt 46 ist durch die Landzunge Prniba gut von Strömungen und Seegang abgeschirmt. Kein Wunder, dass sich hier eine der größten Marinas der kroatischen Adria erstreckt. So touristisch das Ganze dank **Wasserskilift** (Wakeboard Cable, s. S. 80), Ausflugsboote und gelegentlicher Disco-Beschallung wirkt, so lassen sich dennoch ausgesprochen reizvolle Ecken finden.

50 Punat ★ [F7]

Ein Meer von Booten – großen, kleinen, sündhaft teuren und einfachen – liegt vor dem Städtchen vor Anker. Ja, man sieht den Ort beinahe vor lauter Masten nicht!

Die Jachten sind der ganze Stolz von Punat, das seine **ungeheure Popularität** der **geschützten Lage** verdankt. Entlang der **Uferpromenade** wetteifern auf der Wasserseite **Ausflugsboote** um Passagiere und direkt gegenüber Souvenirshops, Restaurants und Cafés um Gäste.

Besichtigt ist Punat recht schnell, ein richtiges Ortszentrum gibt es nicht. Die Ende des 18. Jh. errichtete **Pfarrkirche** ist eher schmucklos. Die **Galerija Toš** hält in Punat die Fahne zeitgenössischer Kunst und Kultur hoch.

› **Galerija Toš** <152> Klančić ul. 18

51 Klosterinsel Košljun ★★ [F7]

Dieser Ort wirkt wie verzaubert: Mitten in der von Booten und Segeln gesprenkelten Bucht bewahrt die Insel Košljun 550 Jahre Klostergeschichte.

Die Spuren der **Besiedelung** sind wesentlich älter: Um die christliche Zeitenwende stand hier eine römische *villa rustica*. Im 12. Jh. berichtet ein Dokument über ein Benediktinerkloster auf der Insel, das Mitte des 15. Jh. an die Franziskaner überging. Sie erbauten um die Wende vom 15. zum 16. Jh. die heutige **Klosterkirche Navještenja Marijina**, einen erstaunlichen Bau mit reich bemalter und mit Schnitzereien geschmückter Decke. Der Renaissancekünstler **Girolama de Santacroce** schuf 1535 das Polyptychon über dem Hauptaltar mit ungewöhnlichem Motiv: Es bildet im linken Feld in der Gestalt Johannes' des Täufers den damaligen **Frankopanenfürsten Ivan VII.** (s. S. 73) ab, der von Venedig gestürzt und durch einen Statthalter ersetzt wurde. Auf der anderen Seite des hl. Quirin blickt Katarina Frankopan auf die Gläubigen. Die Tochter Ivans stiftete das Gemälde und fand in der Kirche ihre letzte Ruhestätte. Auch Ivan VII. ist angeblich im Kloster bestattet, es existiert sogar eine Grabplatte mit dem Sternsymbol der Frankopanen, aber ohne Inschrift. Imposant ist auch das riesige, 10 mal 4,60 m messende Gemälde über dem Altar. Venedigs Statthalter Nikolo Dandolo schenkte es 1654 der Kirche. Abgebildet sind Hölle, Fegefeuer und Himmel.

Das **Museum** am Klostereingang zeigt ethnografische Exponate wie Arbeitsgerät und Trachten. Die **Biblio-**

› *Stille und Besinnung findet man im Kreuzgang des Klosters Košljun*

thek mit kostbaren Inkunabeln, darunter eines der drei 1511 gedruckten Exemplare des Atlas von Ptolemäus, kann leider **nicht besichtigt** werden. Über dem Eingang wünscht der Konvent in glagolitischer Schrift „Mir i dobro" („Friede und Heil").

Über 500 Pflanzen und Pilze wurden auf der Klosterinsel verzeichnet. **Spazierwege** führen über das 7 ha große Eiland zu **Kapellen** und **Aussichtspunkten.** Leider gibt es weder ein Café noch einen Kiosk. **Taxiboote** setzen zur Klosterinsel über, sobald genügend Passagiere beisammen sind.

› **Kloster Košljun,** Sommer Mo–Sa 10.30–17, So bis 12.30, Winter Mo–Sa 9.30–15.30, So 10.30–12.30 Uhr, Eintritt: 5 €
› **Taxiboote:** Abfahrt an der Riva (Obala), Hin- und Rückfahrt 6–8 €

52 Sv. Dunat ★ [F7]

Kurz bevor man auf der viel befahrenen Regionalstraße 102 den Kreisverkehr mit der Abzweigung nach Punat 50 erreicht, entdeckt man, flankiert vom Wasserskilift (Wakeboard Cable, s. S. 80), Cafés und Stränden, ein **frühromanisches Kleinod.** Die dem **hl. Donatus** geweihte, winzige Kirche wurde um das 12. Jh. errichtet und war ursprünglich mit Steinplatten verkleidet, die dem Zahn der Zeit und 1945 einer Munitionsexplosion in einem nahen Partisanendepot zum Opfer fielen. Dem **kreuzförmigen Grundriss,** typisch für die kleinen Kirchen jener Zeit, ist ein rechteckiger Vorbau vorgestellt. Ungewöhnlich ist die Höhe der aus Bruchstein gemauerten Kuppel. Das Innere schmücken ein schlichtes Kreuz und ein Steinaltar. Hier befindet sich auch der Galapagos-Strand (s. S. 80).

Von Punat nach Stara Baška

Immer kargere Hänge, duftende Macchia, das Meer in strahlendem Türkis – auf der Strecke zwischen Punat 50 und Stara Baška [G8] verändert sich die Landschaft dramatisch.

Nicht ganz geklärt ist, warum das Dorf an steilem Hang 12 km südlich von Punat **„Altes Baška"** heißt – das neue Baška 58, Krks Badedestination Nummer eins, liegt quasi um die Ecke, ist aber wesentlich älter (und von Stara Baška aus nicht direkt erreichbar). Die Straße von Punat nach Stara Baška ist hoch über dem Meer in den Fels geschlagen, der **Ausblick** ist immer wieder grandios.

Gegründet wurde Stara Baška wahrscheinlich von Festlandskroaten, die im 14. Jh. vor der osmanischen Invasion der Balkanhalbinsel flohen und auf Krk als Schafhirten ein neues Leben begannen. Gerüchte besagen allerdings auch, Stara Baškas Neubürger hätten ihr Säckel mit Kapernfahrten aufgebessert. Heute leben sie auch von der Vermietung von Ferienwohnungen.

056kv-fk

Es lohnt sich, der Straße hinter Stara Baška nach Südosten zu folgen, vorbei an der **archäologischen Fundstätte Kraj Mira** (frühchristliche Fundamente, 900 m) zum idyllischen **Strand *Zala** [G8] (weitere 200 m, im Sommer mit Strandbar) und anschließend ein Stück die hier beginnende, felsige **Zala-Schlucht** hinauf. Sie ist schon bald für den Verkehr gesperrt, aber bereits wenige Meter beeindrucken durch ihre majestätische Kargheit. Etwa 400 m weiter nach Südosten führt eine Schotterpiste zur **Kirchenruine Sv. Jeronim (Kirche des hl. Hieronymus)**, ein halber Kilometer ist es von dort noch zur ****Surbova-Bucht** mit herrlichem Kiesstrand. Die Strecke lässt sich natürlich auch **zu Fuß** oder per **Mountainbike** zurücklegen, nur sollte man beachten: Es gibt unterwegs weder Versorgung noch Schatten.

Strände

***Galapagos:** Der Kiesstrand unterhalb der Kirche Sv. Dunat leidet etwas unter dem Wasserskilift-Betrieb (Wakeboard Cable, s. rechts) nebenan. Wen die Musik nicht stört, der findet hier einen großen Parkplatz und eine gute Infrastruktur vor.

***China Beach (Punta Debij):** Der Strand am Südrand von Punat besteht aus Betonplattformen, Kies sowie Sand und ist dank verschiedenster Einrichtungen wie Umkleiden, Kiosk, Spielplatz etc. besonders familiengerecht.

****Konobe:** Ein einladender Sand-Kies-Strand mit viel Schatten und vielen FKK-Jüngern, denn er gehört zum Nudisten-Campingplatz Konobe. Wen das stört, der sollte den Strand besser meiden.

*****Oprna:** Traumstrand an der Strecke nach Stara Baška, ca. 10 km von Punat. Feinkies, hohe Felsen, kein Schatten und ca. 10–15 Min. anstrengender Ab- und Aufstieg. Im Sommer mit Gastronomie.

****Camp Škrila:** Strand am Ortseingang von Stara Baška, der zum dortigen Campingplatz gehört und daher meist gut besucht ist. Kies und wenig Schatten, im Camp gibt es ein Restaurant bzw. einen Kiosk.

Infos und Reisetipps

- **TZ Punat** <153> ul. pod Topol 2, Tel. 051 854860, www.tzpunat.hr. In der Touristinformation bekommt man Informationsmaterial, u. a. auch zu den markierten Wander- und Radwegen in der Umgebung (teils kostenpflichtig).
- **Busstation Punat** <154> ul. pod Topol, Verbindungen u. a. nach Baška 58, Krk-Stadt 46, Malinska 37 und Rijeka
- **Cycling Union Krk (2)** <155> Marina Punat, Puntica 7, Tel. 099 6720424, http://cyclingunionkrk.com. Verleih von gut gewarteten, modernen Rädern und E-Bikes, je nach Rad 12–30 €/Tag.
- **Wakeboard Cable Krk** <156> an der Landstraße 102, Tel. 091 2627303, www.wakeboarder.hr, im Sommer tgl. ab 10 Uhr, pro Stunde 24 €. Wasserskifahren und Wakeboarden, dabei wird man von einem Lift über das Wasser gezogen.

Unterkünfte

- **Falkensteiner Hotel Park** €€€€ <157> Obala 102, Punat, Tel. 051 655800, www.falkensteiner.com/hotel-park-punat. Das Hotel Park gehört zu den im Sozialismus errichteten, eher schlichten Hotels, hat sich aber unter den Händen der Falkensteiner-Gruppe in ein schickes All-Inclusive-Strandhotel mit Animation, Kids Club etc. verwandelt.
- **Naturist Camping Konobe** <158> Obala 94, Punat, Tel. 051 854049, https://campingpunat.com/de/naturist-camping-konobe, Stellplatz um 16–35 €, 6–12 €/Person. Der große, schattige Platz gehört der FKK-Gemeinde, wird aber auch gerne von Nichtnudisten besucht, denn sowohl Strand als auch Restaurant genießen einen sehr guten Ruf.

- **Pansion Nadia** €€ <159> Stara Baška 253, Tel. 091 2844663, http://nadia.hr. Nadia ist der Platzhirsch in Stara Baška mit früher sehr simplen und inzwischen richtig komfortablen, modernen Zimmern. Für Wassersportler ideal oberhalb des Mini-Hafens gelegen und nicht weit vom Ortsstrand.
- **Škrila Sunny Camping** <160> Stara Baška 300, Tel. 052 465010, www.camping-adriatic.com/de/skrila-camp-krk, Stellplatz um 13–25 €, 6–10 €/Person. Der Platz liegt herrlich auf Terrassen oberhalb einer Traumbucht am Ortsausgang von Stara Baška. Allerdings gibt es nicht viel Schatten.
- **Villa Maris** €€€ <161> Starobašćanska ul. 1, Punat, Tel. 091 3914744, www.villamaris.eu. Moderne Großvilla mit Pool, rund 100 m vom Strand entfernt. Die zehn Zimmer sind stilvoll und modern eingerichtet, das Frühstück ist mehr als üppig.

Essen und Trinken

- **Bocoon** €€€€ <162> Obala 65, Punat, Tel. 051 854659, Facebook: restoran.bocoon. *Fine Dining* lautet das Motto dieses Restaurants an der Riva. Vom Frühstück bis zum Abendessen werden kulinarische Bedürfnisse erfüllt. Zur Wahl stehen große oder kleine Salate und verschiedenste Steaks, Burger sowie Fisch vom Grill. Die Küche ist gut, die Aussicht aufs Meer ebenfalls.
- **Buka** €€-€€€ <163> Krčka ul. 69 A, Tel. 095 5341323, www.restaurantbuka.net. Hübsch, etwas zurückversetzt am Meer gelegen und von gepflegtem Grün umgeben, steht das Buka für frische, regionale Küche, fantasievolle Rezepte und krosse Pizza.
- **Grill Felix** €€€ <164> Stara Baška 241, Tel. 097 7123474, www.grillfelix.com. Die Terrasse ist herrlich, das Essen, Fisch wie Fleisch, wird ansprechend zubereitet und es gibt lobenswerterweise eine Reihe vegetarischer Gerichte, auch Pasta und Burger.
- **Mariana** €€€ <165> Stara Baška 254, Tel. 091 5711261, www.krk-mariana.com. Der Clou bei Mariana ist die wunderschöne, überdachte Terrasse mit Traumblick auf den Sonnenuntergang. Auch die Küche ist exzellent, auf Vorbestellung gibt es Gerichte aus der *peka* (Eisenpfanne in offener Glut). Außerdem lassen sich 10 Gästezimmer buchen.
- **Olive Garden (Ulika Maslinik)** €€€ <166> Nerzice bb, an der Straße 102, Tel. 098 9626690, http://ulika-maslinik.eu. Die Lage über der Bucht von Punat in einem großen Olivenhain ist fantastisch, die Kochkunst hervorragend. Nicht nur das hauseigene Olivenöl, auch der perfekt zubereitete Fisch und die knackigen Salate schmecken ausgezeichnet.

057kv-fk

Wenn's mal nicht Fisch sein soll: Kvarner Vorspeisenplatte

Vrbnik und Umgebung

Zwischen Punat 50 und Vrbnik 53 erreicht die Insel Krk ihre **schmalste Stelle** und geht nach Osten in Richtung Vrbnik in ein **weites, fruchtbares Tal** über: *Polje* („Feld") nennen die Kroaten dieses durch den Karst gebildete Landschaftsphänomen. Auf dem **Vrbničko polje** gedeiht ein fantastischer **Weißwein**, die **Zlatna Vrbnička Žlahtina,** frei übersetzt „Goldener Adel von Vrbnik" (s. S. 83).

53 Vrbnik ★★★ [G6]

Die Stadt gleicht einer Festung auf ihrem steilen Felssporn über der Ostküste mit Blick auf das Festland und die Velebit-Gebirgskette. Holperig und steil führen schmale Gassen durch das Häuserlabyrinth. In Vrbnik dreht sich alles um den Wein.

Darunter ist auch die angeblich **„engste Gasse der Welt"** namens **Klančić** unweit des Marktplatzes. Der 50 m hohe Felsen von Vrbnik war bereits in der Steinzeit besiedelt, bot Illyrern eine Heimstatt und entwickelte sich unter den kroatischen Frankopanen (s. S. 73) zu einem **Zentrum der glagolitischen Schrift** (s. S. 22), in der 1388 auch das Stadtrecht verfasst wurde – eines der ältesten im östlichen Adriaraum. Es gibt nur wenige ausgewiesene Sehenswürdigkeiten, darunter einige Kapellen und Kirchen ohne besonderes Inventar. Dafür lockt ein fantastischer **Aussichtsbalkon,** eine kostbare historische **Bibliothek** und eine **Loggia mit Kunstausstellung** (beide nur nach Voranmeldung). Vrbnik muss man erlaufen und erspüren, sich durch die engste Gasse quetschen oder unter dem **Grškovićev prolaz (Durchgang)** hindurchbücken, an Sackgassen scheitern und in idyllischen Innenhöfen landen, ab und an auch mal ausrutschen auf dem in Jahrhunderten glatt geschliffenen Pflaster. Am Ende eines Stadtrundgangs landet man unweigerlich in einem der **Weinlokale** zur Verkostung der **Vrbnička Žlahtina** – und das oft bei herrlichem **Panorama.**

› **Museen Vrbnik:** Bücherei der Familie Vitezić, Ethnografische Sammlung Neda Trinajstić, Glagolitische Druckerei von Blaž Baromić und Dragutin Parčić, Sakrale Sammlung Desetinec in der Loggia, Besuch nur nach Voranmeldung unter Tel. 091 7361155.

058kv-fk

Strände

****Zgribnica:** Der Stadtstrand von Vrbnik setzt ein wenig Kondition für die 50 m Höhenunterschied zwischen Stadt und Bucht voraus, aber er ist sehr malerisch und „verwöhnt" mit Feinkies.

****Pod Kovać:** Nur ein schmaler Felsdurchgang führt von Vrbniks Hafen zu der Kiesbucht zwischen hohen Felswänden. Vrbnik und ein Restaurant sind gleich um die Ecke.

*****Potovošće:** Von hohen Felsen eingerahmte Sand-Kies-Traumbucht 3 km südwestlich von Vrbnik, im Sommer Infrastruktur und gut besucht.

Infos und Reisetipps

› **TZ Vrbnik** <167> Placa Vrbničkog statuta 4, Tel. 051 857479, https://vrbnik.hr, Touristeninformation

Unterkünfte

› **Argentum** €€€ <168> Supec 68, Tel. 051 857370, www.hotel-argentum.net. Etwas kleiner und bescheidener als die Konkurrenz und unweit des Stadtstrandes gelegen, bietet sich das sympathische Haus für ruhige Ferientage an.

› **Vinotel Gospoja** €€€€ <169> Frankopanska 1, Tel. 051 669350, www.gospoja.hr. Der moderne Bau beherbergt zugleich ein Restaurant, eine Weinverkostung und ein Hotel mit 22 modern und einladend gestalteten Zimmern.

Essen und Trinken

› **Gospoja** €€€€, im gleichnamigen Vinotel (s. oben), Tel. 051 669351. Die klassischen Gerichte sind modern interpretiert, außerdem gibt es gute Pizza. Gourmet-Empfehlung zu günstigem Preis: das Mittagsmenü.

› **Konoba Žlahtina** €€ <170> trg Škujica 10, Tel. 051 857017, www.gospoja.hr. Gleich am Ortseingang gelegenes Lokal mit Aussichtsterrasse und einfachen Speisen wir Pršut-Käse-Platte.

Mein Tipp

Vrbničko polje und der Wein

Vrbniška Žlahtina gilt als autochthone Sorte der Insel Krk und dieser speziellen Lage, doch beides ist falsch. Die gleiche Rebe wird auf dem Festland in der Region um die Hafenstadt Crikvenica gepflanzt. Und neben dem Vrbničko polje existiert auf Krk ein zweites, kleineres Anbaugebiet unweit des Ortes Draga Baščanska im Tal von Baška 56. Dies soll aber keinesfalls die Qualität und Besonderheit dieses frischen, fruchtigen Weißweins schmälern. Er ist ein typischer **Sommerwein** und passt bestens zu leichter, sommerlicher Küche.

Vrbničko polje, das „Feld von Vrbnik", fungiert übrigens erst seit den 1930er-Jahren als Weinbaugebiet. Zunächst war es durch Zuflüsse so sumpfig, dass die Bauern zum Teil mit Booten zu ihren Feldern fahren mussten. Als es trockengelegt war, pflanzte man vor allem Getreide an. Erst als sich dies nicht mehr lohnte und Wein größeren Gewinn versprach, stellten die Landwirte auf die „Žlahtina" und andere Weißweinsorten um.

Übrigens verbirgt sich am Rande des *polje* eine kleine **Kapelle** mit großer symbolischer Bedeutung: Das Maria Magdalena geweihte Kirchlein **Sv. Marije Magdalene** an der Straße 5108 am Ostrand des Tals stammt aus dem frühen 15. Jh. und diente Legenden zufolge als Hochzeitskapelle bei der Trauung des letzten Frankopanenfürsten **Ivan VII.** (s. S. 73). Von der Kapelle bis zur Burg Gradec 54 sei der Weg damals mit Teppichen und Blumen ausgelegt gewesen.

‹ Bei dieser Aussicht schmeckt der Weißwein von Vrbnik nochmal so gut

› **Nada** €€€€ <171> Glavaca 26, Tel. 051 857065, http://nada-vrbnik.hr. Wie die meisten Restaurants in Vrbnik gehört auch das Nada einer alteingesessenen Kellerei gleichen Namens. Traditionsreiche Gerichte, viel Fisch und dazu natürlich Žlahtina der Hausmarke sind seit Jahren zuverlässig gut. Wer rechtzeitig reserviert, ergattert einen Platz auf der fantastischen Aussichtsterrasse.

› **Ulika Grill** €€€ <172> Sv. Nedija bb, Tel. 091 4408006. Das Gartenrestaurant des Weinguts Katunar liegt etwas außerhalb, lohnt aber unbedingt einen Abstecher. Die originelle Einrichtung unter schattigen Olivenbäumen und eine moderne Kreativküche bieten Abwechslung zu den sonst üblichen traditionellen Spezialitäten. Dazu feine Katunar-Weine.

Einkaufen

› **Katunar Estate Winery** <173> Vinogradska ul. 17, Tel. 051 857393, www.katunar.hr, Mo–Sa 9–17 Uhr. Den Autoren haben die Katunar-Weine am besten geschmeckt, besonders die Žlahtina Sv. Lucija, deren Reben aus dem Baška-Tal stammen. Dieser Weißwein ist besonders spritzig und frisch. Flasche um 10 €.

54 Burgruine Gradec ★★ [F5]

Ein magischer Ort: Die Burg Gradec gilt als Wiege der Frankopanenfürsten (s. S. 73). Aus diesem Gemäuer erwuchs eine der mächtigsten kroatischen Dynastien. Die Festung im Wald zu finden, ist gar nicht so einfach.

Viele Wege führen nach Gradec. Egal wo in der Umgebung man unterwegs ist, **Wegweiser nach Gradec** sind ständige Begleiter. Folgt man ihnen, enden die Markierungen meist irgendwo im Wald. Die Autoren haben die Burgruine letztlich nur durch Zufall gefunden.

Die verwunschene, efeubewachsene und mauerumgürtete **Burg** aus dem 12. Jh. ist auf der **Waldlichtung** erst auf den zweiten Blick zu sehen, daneben stehen die Fundamente der 1325 errichteten **Kirche Sv. Nikola.** Die Feste bestand aus wenig mehr als dem Burghof und einem länglichen Raum, der offenbar sowohl als Küche als auch als Versammlungsort diente. Obwohl die Frankopanenfürsten Bartol und Vid 1163 den Regierungssitz nach Krk-Stadt 46 verlegten, blieb Gradec das symbolische Zentrum ihrer Herrschaft (von Venedigs Gnaden). Erst **Ivan VII.** gab die Burg im 15. Jh. endgültig auf.

› **Anfahrt:** mit dem Auto ab Vrbnik 53. Am leichtesten findet man Gradec vom Dorf Risika [F5] aus: Dort den Wegweisern (die tatsächlich bis zur Burg führen) 1,5 km nach Südwesten folgen, teils auf sehr holprigem Waldweg. Das letzte Stück geht man zu Fuß.

› **GPS-Koordinaten:** N 45.100080°, E 14.629747°

55 Halbinsel Sv. Marak ★★ [F5]

Echt oder Fotokulisse? Das Halbinselchen Sv. Marak (auch Sv. Marek) überrascht mit einer Ruine, einem einladenden Sandstrand und einem weiten Blick übers Meer.

Das Dorf **Risika** [F5] ist **Ausgangspunkt** für den Abstecher ans Meer zu einem ganz besonderen Strand: Er besteht nämlich in der Tat aus **Sand,** den wohl niemand in dieser natürlichen Feinheit auf Krk erwarten würde. Die Bucht von Sv. Marak liegt zwischen Šilo 43 und Vrbnik 53, sie ist sanft geschwungen und zeichnet sich durch einige Schatten spendende Bäume aus.

061kv-fk

Sv. Marak ist eingerahmt von **Felsküste** und nur an der südlichen Bucht mit eben jenem paradiesischen **Sand** gefüllt. Über das bunte Treiben am Wasser – leer ist es hier selten – wacht die malerisch anzusehende **Ruine der Kirche Sv. Marak,** also des **hl. Markus,** dem die Halbinsel ihren Namen verdankt. Es gibt kostenpflichtige **Parkplätze,** Gastronomie in Form zweier Café-Bars und im Sommer einen Liegestuhlverleih.

Baška und der Südosten

Im Luftbild wird die besondere Natur dieses Inselteils sichtbar: Links und rechts erheben sich **zwei Felsmassen,** durch die sich ein **grünes Band** bis zur Bucht von Baška 58 schlängelt. Dieses Band, das Baška-Tal bzw. Bašćanska Draga 56, beginnt am **Treskavac-Pass** rund 8 km südöstlich von Krk-Stadt 46. Dieser Pass wartet mit einem **einzigartigen Panorama** über das Tal bis hinunter zum Meer auf.

Der goldgelbe Sandstrand von Sv. Marak verspricht endlose Badefreuden

56 Bašćanska Draga ★★ [G7]

Bašćanska Draga bezeichnet sowohl das rund 10 km lange **Tal** zwischen dem Treskavac-Pass und dem Ort Baška 58 als auch, etwas abgewandelt, den **Ort Draga Bašćanska,** der etwa auf der Hälfte der Strecke zu finden ist. Die fruchtbare Schneise folgt einem **Flusslauf,** der in den Sommermonaten allerdings meist ausgetrocknet ist.

Am **Aussichtspunkt** fällt eine gabelförmige **Steinskulptur** auf, die wegen ihrer Form im Volksmund *pirun* („Gabel") genannt wird. Sie bildet den glagolitischen Buchstaben „A" ab. Es handelt sich um die erste einer Reihe von **glagolitischen Skulpturen,** die die Straße von der Passhöhe bis nach Baška begleiten und auf das bedeutendste kulturelle Erbe dieser Region aufmerksam machen: die in glagolitischer Schrift verfasste **„Tafel von Baška"** (s. S. 86).

› **Zipline Edison Krk,** Treskavac, Tel. 098 626061, https://zipline-edison-krk.com, im Sommer tgl. geöffnet. Acht Lines auf insgesamt 2 km, ein Tempo bis zu 80 km/h. Das Abenteuer beginnt mit einer Jeeptour zum Ausgangspunkt und dauert insgesamt ca. 2 Std. Preis 60 €/Person.

57 Kirche Sv. Lucija ★★★ [G8]

Wie bedeutend die Glagolica für das Nationalbewusstsein der Kroaten ist, wird im Kirchlein Sv. Lucija in Jurandvor deutlich.

Hier entdeckte der Pfarrer Petar Dorčić bei Pflasterarbeiten 1851 in der Kirche eine Bodenplatte mit seltsamen Kritzeleien, die sich als eine lokale Abwandlung der altkroatischen Kirchenschrift **Glagolica** (s. S. 22) entpuppten. Es handelte sich um eine Urkunde, die bezeugte, dass der kroatische König **Zvonimir** (Regierungszeit 1075–1089) dem Benediktinerkloster Land bei Jurandvor vermachte, um dort eine Kirche zu errichten. Die Schenkungstafel wurde damals wahrscheinlich als Teil der Altarwand eingebaut und später entfernt; schließlich endete sie als Bodenbelag. Die **„Tafel von Baška"** **(Bašćanska ploča)** ist zwar nicht das älteste Schriftdokument der Glagolica, enthält aber eine andere, wichtige Information: Sie nimmt Bezug auf einen *kroatischen* König und ist damit die älteste bekannte Erwähnung Kroatiens.

Das **Original** der Platte schmückt heute die Zagreber Akademie der Wissenschaften. Die Kopie ist heute wieder Bestandteil der Altarschranke. Nicht nur deshalb ist die frühromanische Kirche Sv. Lucija ein bedeutendes Kulturmonument. Vor der Besichtigung empfiehlt sich der Besuch des kleinen **Museums** mit einigen frühchristlichen Artefakten und einem kurzen Film über Auffindung und Bedeutung der Tafel.

Neben der Kirche bestehen noch **Fundamente** einer im 4. Jh. erbauten, römischen *villa rustica* sowie der auf ihr errichteten ersten Klostergebäude.

Übrigens wurde auch das zweite kostbare Exponat aus der Sv. Lucija in Sicherheit gebracht: Den **Flügelaltar** aus der Werkstatt des Venezianers Paolo Veneziano (14. Jh.) bewahrt seit der Restaurierung die Diözese von Krk in der dortigen Kirche Sv. Kvirin 47 auf.

› Jurandvor 148 A, Tel. 051 860184, http://azjurandvor.com, April u. Sept./Okt. tgl. 10–17, Mai/Juni tgl. 9–19, Juli/Aug. tgl. 9–20, im Winter Sa/So 10–15 Uhr, Eintritt: 4 €

059kv-fk

58 Baška ★★★ [H8]

Was für eine Lage, welch ein Panorama! Eine tiefe, fein geschwungene Bucht, eingerahmt von kargen Höhenzügen, dazu ein weiter Feinkiesstrand, ein altes Fischerdorf und davor die Felsinsel Prvić 59, um die oft Gänsegeier kreisen.

Zugegeben, bei dieser Beschreibung wurden Hotels, Campingplatz und Ferienhäuser unterschlagen, hinter denen das alte Baška kaum noch wahrzunehmen ist. Dennoch: Diese Bucht und dieser **Badeort** sind eines der unbestrittenen Highlights der Kvarner Inseln. Das touristische Potenzial erkannten bereits die **Habsburger** Anfang des 20. Jh. 1906 eröffnete das erste Hotel. Ein Förderer dieser Entwicklung war auch der tschechische Druckereibesitzer **Emil Geistlich,** der für sein Hotel „Baška" direkt am Strand eigens einen Prospekt druckte. Geistlich ist in der Stadt mit einer Bronzebüste und im Straßennamen der Uferpromenade verewigt. Bei aller Begeisterung hat die Bucht doch ein Handicap: Sie öffnet sich ungeschützt gen Festlandsküste und damit den Stürmen der **Bura** (s. S. 118). Entsprechend häufig tritt die unangenehme Wetterlage mit heftigen Windböen und Wellengang auf.

Zur Orientierung: Die kleine, lauschige **Altstadt** besetzt den nordöstlichen Buchtbereich. Strände, Hotels und Ferienhäuser ziehen sich von dort entlang der **Uferpromenade** nach Südwesten um die gesamte Bucht und tief ins Hinterland. Mittendrin liegt ein von einer Durchgangsstraße zweigeteilter Campingplatz.

◁ *Baška ist der bedeutendste Touristenort der Insel Krk*

MEIN TIPP

Kirche mit Ausblick: per pedes zu Sv. Ivan

Zum **Friedhof** und zur **Kirche Sv. Ivan (Johannes des Täufers)** mit ihrem **markanten Glockenturm** kann man mit dem Auto hinauffahren, aber viel schöner ist es, sich dem Standort des ursprünglichen Baška 58 zu Fuß zu nähern. Ein kurzer **Spaziergang** (750 m, 100 Höhenmeter) und schon liegt dem Betrachter die **Bucht** in ihrer ganzen Schönheit zu Füßen. Tiefgrün hebt sich das fruchtbare Tal von den Felshängen ab, am Ausgang der Bucht liegt die Insel Prvić 59 im Meer und dahinter ist die Silhouette von Rab zu erkennen.

› **Kirche Sv. Ivan** <174>
Palada ul. 84

Ein Kirchlein, einige schmale Gassen und Plätze sowie der Hafen – das ist Baškas **historisches Zentrum.** Besondere Sehenswürdigkeiten gibt es nicht, dafür viele reizvolle Details wie alte Häuser mit *konoba* (Vorratskeller) im Erdgeschoss und Außentreppen in den Wohnbereich darüber. Heute haben sich in einigen Kellern **Restaurants** eingenistet.

Gleich am Ortseingang zeigt ein **Aquarium** (s. S. 88) verschiedene Arten heimischer und exotischer Meeresfische sowie eine umfangreiche Muschelsammlung – eine Abwechslung an stürmischen Tagen.

Den Mittelpunkt der Altstadt bilden Pfarrkirche und Heimatmuseum. Das Gotteshaus **Sv. Trojice,** im Barock errichtet, birgt ein „Abendmahl" aus der Schule des Renaissancemalers Jacopo Palma des Jüngeren. Das Haus daneben beherbergt das bescheidene **Heimatmuseum Zavičajni muzej,** das zum Zeitpunkt der Recherche **geschlossen** war.

060kv-fk

Baška ist Ausgangspunkt einer reizvollen **Wanderung** zu umliegenden Buchten (s. Wanderung 3 auf S. 110).

› **Akvarij Baška (Aquarium)** <175> ul. kralja Tomislava 5, Tel. 051 856052, https://akvarij-baska.com.hr, April u. Okt. tgl. 10–15, Mai/Juni tgl. 10–17, Juli/Aug. tgl. 9–21, Sept. tgl. 9–18 Uhr, Eintritt: Erw. 6 €, Kinder 5–12 Jahre 4 €, bis 5 Jahre frei

› **Zavičajni muzej (Heimatmuseum)** <176> Kralja Zvonimira 28, Tel. 051 856544, bis auf Weiteres geschlossen, Wiedereröffnung ungewiss

MEIN TIPP

Mrgari

Man erkennt sie auf genauen topografischen Karten: Ein kritzeliges Wirrwarr von Linien auf den Hängen und Höhen um Baška 58. Es handelt sich um **Schafpferche**, deren **Trockenmauer** sich jeweils wie Zellen um einen zentralen Bereich gruppieren. Dies sind traditionelle Strukturen der Schafhaltung, die so nur noch in den Dörfern Jurandvor [G8], Batomalj [G8] und Baška praktiziert wird: Die Tiere weiden den Sommer über auf kommunalem Grund, werden im Herbst in die Mrgari getrieben und in den einzelnen Zellen dann jeweils nach Besitzern aufgeteilt.

Die **Mrgari „Jakoši" und „Na Lipici"** passiert man auf dem sehr steilen Wanderweg Nr. 16 in rund 1½ Std. Er beginnt an der **Wallfahrtskirche Majke Božje Goričke** oberhalb von Batomalj und passiert schon bald „Jakoši", auf das sich einige Höhenmeter weiter eine schöne Panoramasicht eröffnet. Wandert man weiter auf den **Gipfel Veliki Hram** (482 m), blickt man von oben auf „Na Lipici" – ein wunderbares Fotomotiv.

Strände

****Vela plaža**: Baškas Hauptstrand hat alles, was des Badenden Herz begehrt: Blaue Flagge, feinen Kies, Liegestuhl- und Sportgeräteverleih (Kajaks, Tretboote, Windsurfboards etc.), Cafés und Imbiss. Allerdings ist er häufig sehr voll.

****Buchten an der Ljubimer-Halbinsel (Škuljica, Vela Draga):** Entlang der südlichen Halbinsel mit dem Gipfel Ljubimer (220 m) reiht sich eine Felsbucht an die andere. Die Strände zum offenen Meer bzw. Festland sind stark der Bura ausgesetzt, ansonsten aber paradiesisch. Fußweg ab Squatina Diving (s. S. 107), keine Infrastruktur.

****Bunculuka:** Der Feinkiesstrand des gleichnamigen FKK-Camps ist traumhaft schön, aber häufig (von Unbekleideten) überlaufen, denn immerhin beherbergt der Campingplatz bis zu 1000 Gäste. Zugang über den Camp-Eingang. Wer östlich weitergeht, gelangt zu weiteren kleinen Buchten wie Mali Raj.

Vor Baškas Altstadt badet man am Kai

In Baškas Altstadt geht es recht beschaulich zu

***Vela und ***Mala Luka: Als „Großen und Kleinen Hafen“ bezeichnet man die beiden sich von Süd und Nord tief in die Halbinsel Sokol hineinfressenden und deshalb gut geschützten Buchten. Feinkies und türkisfarbenes Meer, Infrastruktur aber nur in der Vela Luka (ein Restaurant, das im Sommer öffnet). Zugang entweder mit dem Taxiboot oder zu Fuß (s. Wanderung 3 auf S. 110). Über Vela Luka finden sich Fundamente des römischen Corinthia.

Infos und Reisetipps

- **TZ Baška** <177> Kralja Zvonimira 114, Tel. 051 856817, www.visitbaska.hr. Die sehr hilfsbereiten Mitarbeiter des Tourismusbüros verfügen über kostenloses Kartenmaterial.
- **Zen Adventures** <178> Kralja Tomislava 2, Tel. 099 2098211, www.zenadventures.net. Das junge, engagierte Team organisiert Touren rund um Baška, z. B. Beachhopping zu einsamen Buchten, E-Bike-Touren aufs Mondplateau oder Reitausflüge. Außerdem Verleih von gut gewarteten Räder, Mountainbikes und Kajaks. Auch die Website ist sehr informativ.

Unterkünfte

- **Heritage Hotel Forza** €€€€ <179> Kralja Zvonimira 98, Tel. 099 3220055, www.hotelforza.hr. Das Hotel steht am Eingang zur Altstadt an der Promenade, ist also sicherlich nicht ruhiger als die Häuser am Strand. Dafür erfreut es mit individueller, stilvoller Ausstattung und einem kreativen Restaurant mit italienischen Spezialitäten.
- **Hotel Dobrovit** €€€ <180> Emila Gestlicha 55 b, Tel. 051 864200, www.hotel-dobrovit.com. Direkt am Strand gelegene Unterkunft mit zeitgemäß gestalteten Zimmern und einem schicken Restaurant. Wer gerne im Zentrum des Geschehens Urlaub macht, ist hier richtig.
- **Pansion Burin** €€ <181> Creska 9, Tel. 989232440, www.pansionburin.hr. Die Pension liegt in einem ruhigen Wohnviertel und besitzt ein beliebtes Restaurant. Die Zimmer sind modern, gepflegt und nicht besonders groß. Im ersten Stock wohnt man sehr farbenfroh, im zweiten eher neutral. Gutes Preis-Leistungs-Verhältnis.

Essen und Trinken

- **Bistro Franceska** €€€ <182> Kralja Zvonimira 56, Tel. 099 6547538, www.bistrofrancesca.com, nur im Sommerhalbjahr. Francesca hat weder Meerblick noch Strandlage – und gerade das macht seinen Charme aus. Hier wird nicht nach Touristen und schnellem Umsatz geschielt, sondern eine wirklich gute, anspruchsvolle Küche zelebriert, kroatische Tradition mit Zeitgeist vermählt. Es empfiehlt sich unbedingt zu reservieren.

062kv-fk

› **Cocktail Bar Plaza** €€€ <183> Emila Geistlicha 47 b, Tel. 098 5261886, https://cocktail-bar-plaza.eatbu.hr. In dieser Strandbar ist zu jeder Stunde etwas los. Tagsüber kehren durstige Sonnenanbeter hier ein und abends geht mit DJ-Sets und bunten Cocktails die Post ab.

› **Gostionica Bag** €€€ <184> Kralja Zvonimira 74, Tel. 051 856926, Facebook: restaurantbag. Gute Küche und Traumterrasse, ein seltenes Zusammenspiel! Wer einen Tisch auf dem Aussichtsbalkon ergattert, möchte gar nicht mehr weg. Sehr aufmerksames Personal, ein begabter Fischkoch und tolle Weinempfehlungen – rundum gut.

› **Kod Frge** €€€ <185> Palada 44, Tel. 098 491188, auf Facebook. Sehr lauschig auf einem kleinen Altstadtplatz gelegen. Lange galt Kod Frge als Geheimtipp, aber inzwischen ist es sehr populär und darunter leiden Charme und Qualität etwas. Dennoch ist das Lokal nach wie vor empfehlenswert für ein romantisches Abendessen mit Fisch und Meeresfrüchten oder Čevapčići.

› **Konoba Placa** €€ <186> Gorinka 2, Tel. 091 5331258, auf Facebook. Ein charmantes Lokal im Herzen der Altstadt mit einigen Tischen in der Gasse und bunten Tischdecken. Serviert werden Fisch-, Schinken- oder Käseplatte, Sardellen, Fischpastete und dazu feiner Wein.

› **Wine & Rakia Bar Timun** €€ <187> Kralja Zvonimira 91, Tel. 097 7924715, Facebook: wineandrakiabartimun. Netter Platz für einen späten Drink am Meer. Neben einer guten Weinauswahl gibt es, wie der Name schon sagt, auch Rakia (lokalen Schnaps) und verschiedene Vorspeisenplatten.

59 Insel Prvić ★★★ [H9]

Von der Bura völlig kahlgeschmirgelt, bewacht das felsige Eiland die Zufahrt zur Bucht von Baška 58. Das Naturschutzgebiet ist eines der letzten Refugien der Gänsegeier.

Mit knapp 12 km^2 Fläche, dem 363 m hohen **Gipfel Šipovac** und bis zu 200 m hohen Klippen ist Prvić eine imposante Erscheinung. Bis auf den gelegentlich nach dem Rechten schauenden Leuchtturmwärter wohnt hier niemand mehr, doch **Ruinen einer mittelalterlichen Anlage** lassen vermuten, dass die **Frankopanen** (s. S. 73) auf dem Eiland eine Burg unterhielten. Das muss ein ziemlich ungemütlicher Ort gewesen sein, denn die Bura (s. S. 118) tobt häufig über die Insel. Die schroffe, steile Natur setzt sich unter Wasser fort, sodass das Meer Tiefen von über 100 m erreicht. Die Gewässer stehen wie die Insel unter **Naturschutz** und gelten als bestes **Tauchrevier.** Obwohl Prvić unwirtlich wirkt, bringen einige **Schäfer** ihre Tiere zum Weiden auf die Insel; auch zwei **Mrgari-Pferche** (s. S. 88) gibt es noch. Neben Schafen sind auch Bienen auf Prvić zu Hause – der Inselsalbei ergibt besten und sehr begehrten **Honig.** Schließlich ist Prvić nach Cres die Insel mit der größten **Gänsegeierkolonie** (s. S. 119) in der Ostadria.

› **Anfahrt:** Die Insel ist **nur mit dem Taxiboot erreichbar.** Boote warten am Kai der Altstadt. Einige Agenturen bieten auch Touren an, häufig kombiniert mit Fahrten zur Insel Goli otok (s. S. 93). Infos hierzu erhält man bei der Touristeninformation TZ Baška (s. S. 89).

RAB

063kv-fk

Fast alle kroatischen Inseln wurden systematisch abgeholzt, doch Rab ist noch knapp **zur Hälfte von Wald bedeckt.** Auf der Halbinsel Kalifront 66 wächst sogar ein Eichenwald, einer der letzten des Mittelmeerraums. Er ist nicht das einzige Kapital der Insel: Das andere sind die wunderbaren **Sandstrände** auf der Halbinsel Lopar 60 und die lange **FKK-Tradition.** Der britische König Edward VIII. hat sie angeblich mit seiner Begleiterin Wallis Simpson 1936 begründet. Zu guter Letzt nennt Rab die wahrscheinlich **schönste Inselhauptstadt** des Archipels sein Eigen.

Historisch teilte Rab das Schicksal seiner Nachbarn: Es erlebte römische, byzantinische, eine kurze kroatische und eine lange venezianische Herrschaft, bis 1814 die Habsburger für knapp 100 Jahre übernahmen. Im Zweiten Weltkrieg unterhielten die italienischen Faschisten auf Rab ein Konzentrationslager (s. S. 99).

Aus der Luft betrachtet hat Rab die **Form eines Hummers,** bei dem die Halbinseln Kalifront und Lopar die Scheren bilden.

Autofähren verbinden Stinica auf dem Festland mit Mišnjak [I13] und Valbiska [D7] auf Krk mit Lopar. Per **Katamaran** erreicht man Rab-Stadt 62 von Rijeka aus (s. S. 122).

Lopar und Umgebung

Die **Halbinsel Lopar** bildet gewissermaßen die rechte Hummerschere von Rab. Dem Flyschsockel verdankt sie eigenwillige Landschaftsbilder und ausgewaschene Sandsteinfelsen, aber auch große Fruchtbarkeit und herrliche **Sandstrände.** Der Ort selbst 60 besteht aus kaum mehr als Hotels und Ferienhäusern. Reizvoll ist jedoch ein Abstecher an die schmale **Bucht von Supetarska Draga 61.**

60 Lopar ★ [G10]

Weniger als das Städtchen selbst ist die Natur hier erwähnenswert: Es locken bezaubernde Buchten und schöne Strände.

Prähistorische Funde belegen eine lange Besiedlung. Es existieren Reste illyrischer Wehrbauten am **Kap Punta Zidine**, die auf das 4. Jh. v. Chr. datiert sind. Im 4. Jh. n. Chr. soll in Lopar der Steinmetz Marin gelebt haben. Er floh vor Diokletians Christenverfolgung

◁ *Vorseite: Die Jahrhunderte haben das Pflaster von Rab-Stadt 62 blank gewienert*

▽ *Am Sahara Beach (s. S. 94)*

064kv-fk

nach Italien und gründete den heutigen Stadtstaat San Marino, so die Legende. Heute ist Lopar eine große, stetig wachsende Agglomeration von Ferienhäusern mitsamt einem **Fährhafen,** der die Insel mit Valbiska [D7] auf Krk verbindet.

Als Schutzkapelle der Seeleute erhebt sich **Sv. Nikole** schon seit dem Mittelalter auf dem **Kap Sorinj.** Am Patronatstag, dem 6. Dezember, starten Boote von beiden Häfen Lopars zu einer eindrucksvollen **Schiffsprozession** nach Sv. Nikole.

61 Supetarska Draga ★★ [G11]

Lopars Nachbarort an der südwestlich anschließenden, schmalen, aber tiefen Bucht steht ganz im Zeichen des **Bade- und Nautiktourismus.** Und dieser spielt auch auf den drei vorgelagerten Inselchen **Maman, Sridnjak und Šajlovac** eine bedeutende Rolle. **Taxiboote** bringen Badegäste hinüber (Startpunkt am Kai).

Etwas landeinwärts erhebt sich der markante Glockenturm von **Sv. Petar,** einer Klosterkirche der Benediktiner. Im 11. Jh. gegründet und im 15. Jh. aufgegeben, stehen heute nur noch **Mauerreste** des alten Konvents. Die frühromanische Kirche bewahrt im Inneren noch Architekturformen und Dekor des 11. und 12. Jh. Im Turm erklingt die wohl **älteste Glocke der kroatischen Adria,** die im Jahr 1290 gegossen wurde.

Strände

***Rajska plaža**: Der „Paradiesstrand" bildet eine sanft gekrümmte Sandsichel an der Südostküste der Halbinsel Lopar. Nördlich schließen sich die kleinere Bucht ***Livačina** und der Hundestrand Kaštelina an. Gute Infrastruktur.

Die Gefängnisinseln

Die drei Inseln **Prvić** 59, **Sv. Grgur** [H10] und **Goli otok** [H-I10] werden von **Ausflugsbooten** sowohl von Rab als auch von Krk aus angesteuert. Während Prvić Besucher mit seinen Stränden und der reichen Unterwasserwelt lockt, stehen Sv. Grgur und Goli otok für ein düsteres Kapitel jugoslawischer Geschichte. Hier hat der sozialistische Vielvölkerstaat zwischen 1948 und 1988 seine politischen Gegner interniert – auf Goli otok die Männer, auf Sv. Grgur die Frauen, insgesamt rund 16.000 Menschen.

Die „Nackte Insel" **Goli otok** wird ihrem Namen mehr als gerecht. Kaum etwas wächst hier, die Vegetation ist äußerst karg. Eine Flucht vom „jugoslawischen Alcatraz" war unmöglich, da die Strömung im Velebitski kanal jeden Versuch vereitelte, schwimmend das Festland zu erreichen. Das Gefangenenlager bzw. dessen Ruinen gleichen einer kleinen Stadt mit Bäckerei, Schreinerei, Wasserreservoir, Ambulanz und den berüchtigten Einzelzellen. Wer nicht laufen möchte oder kann, fährt mit der **Touristenbahn „Goli Express"** von Station zu Station (5 €).

In der Saison verkehren **Ausflugsboote** zweimal täglich von Lopar 60 nach Goli otok. Hin- und Rückfahrt kosten etwa 14 €. Es lohnt sich, die Angebote zu vergleichen. Einige Anbieter gewähren Rabatt auf den Fahrpreis des „Goli Express". Ein Ausflug auf das weniger eindrucksvolle Sv. Grgur muss individuell organisiert werden, die Überfahrt erfolgt dann per **Taxiboot.**

***Lopar-Halbinsel: Die wilden Sandstrände auf der Lopar-Halbinsel sind nur zu Fuß erreichbar und fast alle in Händen der FKK-Gemeinde. Zum berühmten ***Sahara Beach z. B. läuft man ab dem Ende der Schotterstraße (Parkmöglichkeit) rund 15 Min. bergab (im Sommer mit Infrastruktur).

**Mel: Kleinerer Sandstrand gegenüber dem „Paradiesstrand" an der Südwestküste. Hunde erlaubt. Gute Infrastruktur.

**Veli Mel: Hübsche Sandbucht mit Hafenkai und kleinem Café (Liegestuhlverleih) an der Spitze der Halbinsel vor Supetarska Draga.

***Maman, Sridnjak und Šajlovac: Die Strände der vorgelagerten Inseln sind mit dem eigenen oder dem Taxiboot erreichbar: Fels- und Sand-Kies-Buchten, Robinson-Feeling, keine Infrastruktur.

Infos und Reisetipps

› **TZO Lopar** <188> Lopar 284, Tel. 051 775508, https://lopar.com. Den freundlichen, hilfsbereiten Mitarbeitern des Tourismusbüros mangelt es an Material. Auf der Gratiskarte sind Strände und Wanderwege eingezeichnet.

› **Busstation Lopar** <189> Lopar 79, Verbindungen mehrmals täglich nach Rab-Stadt 62 mit Halt in Palit, Mundanije und Supetarska Draga 61

Unterkünfte

› **Galeb** €€ <190> Supetarska Draga 457, Tel. 051 776248. Einfache, freundlich gestaltete Zimmer und ideale Lage am Wasser. Im angeschlossenen Restaurant werden Hausgäste besonders verwöhnt.

› **Luxury Suites Bellevue** €€€ <191> Lopar 574, Tel. 051 775613, http://bellevue-lopar.com. Die schicke Pension im Hinterland des Paradiesstrandes setzt sich wohltuend von den Pauschalhotels ab. Modern eingerichtete Zimmer, Suiten und Apartments in der benachbarten Villa Sabbia, helles Holz und viel Glas, dazu ein hauseigenes Restaurant.

› **San Marino Camping Resort** <192> Lopar 488, Tel. 052 465010, www.valamar.com/de/camping-rab/san-marino-camping-resort, Parzelle 28–50 €. Der große Campingplatz in der Nachbarbucht des Paradiesstrandes ist wie alle Valamar-Resorts umfassend modernisiert und mit allerlei Freizeit- und Sportangeboten ausgestattet. Auch Mobilheim-Vermietung.

› **San Marino Sunny Resort** €€€ <193> Lopar 608, Tel. 052 465000, www.valamar.com/de/resorts-rab/san-marino-resort. Große Anlage am Paradiesstrand: fünf Hotels, darunter das Family Resort mit familienfreundlichen Suiten.

Essen und Trinken

› **Bistro Lanterna** €€€ <194> Lopar 80, Tel. 098 849444, Facebook: Lanterna.Rab. Der Name ist etwas irreführend, denn das Restaurant am Strand Mel serviert mehr als nur kleine Snacks. Leckerer Fisch, Meeresfrüchte und Čevapčići.

› **Creshendo** €€€ <195> Lopar 554, Tel. 051 775122, www.creshendo-lopar.com. Die gemütliche Pizzeria zählt zu den zuverlässig guten Adressen. Pizza wie auch Pasta werden frisch zubereitet und schmecken ausgezeichnet.

› **Konoba Marenda** €€€ <196> Supetarska Draga 320, ca. 2,5 km westlich von Supetarska Draga, Tel. 091 5489093. Das Restaurant befindet sich in Gonar direkt am Strand. Lauschige Terrasse, sehr freundliches Personal und Küche wie bei Muttern.

› **Vojko** €€€ <197> Supetarska Draga 454, Tel. 051 776805, https://vojko.hr. Das Fischrestaurant an der Marina zählt zu den anspruchsvolleren Adressen in diesem Inselteil. Neben den Gaben des Meeres gibt es deftige Grillgerichte.

Rab-Stadt und Umgebung

62 Rab-Stadt ★★★ [H12]

Die **Altstadt** staffelt sich auf einer **schmalen Halbinsel** einen niedrigen Hang hinauf und sieht aus der Luft aus wie ein Schiff mit vier Masten, gebildet von den vier Kirchtürmen. Eingerahmt ist sie vom **Stadthafen** im Norden und der **Bucht Sv. Eufemija** im Süden. Sie ist nicht groß, aber gespickt mit historischen Hinguckern, vom majestätischen Dom bis zu zierlichen venezianischen Fenstern. **Drei Gassen** durchziehen die **Altstadt** in unterschiedlicher Höhe von Nord nach Süd: Donja, Srednja und Gornja ulica 64 („Untere, Mittlere und Obere Gasse").

63 Um den trg Municipium Arba ★★★ [H12]

„Municipium Arba" nannten die Römer die Inselhauptstadt: Arba war der alte illyrische Name von Rab und bedeutet „die Dunkle", was sich wohl auf die dichten Wälder bezog.

Der heutige **Hauptplatz** präsentiert sich im venezianischen Gewand mit einem ab dem 12. bis zum 16. Jh. aus mehreren Häusern zusammengefassten **Rektorenpalast (Knežev dvor)**, dessen Balkon von drei Löwen gestützt wird. Mehrere Cafés und Restaurants und die Touristeninformation beleben die historische Kulisse. Als Stadttor führt ein **Uhrturm** in die Srednja ulica und zur eleganten, von Säulen gestützten **Loggia Gradska loža**, beide zu Beginn des 16. Jh. erbaut. Die Srednja ulica nach Westen bummelnd, passiert man den **Renaissancepalast Marinellis** und erreicht an ihrem Ende den imposanten **Palast Dominis-Nimira** im Mischstil von Gotik und Renaissance. Gegenüber ist ein reich geschmücktes **Eingangstor** zu einem Atrium erhalten, das den Palast der Familie Nimira schmückte.

Aussicht auf das Dächer- und Häusermeer von Rab-Stadt

065kv-fk

64 Gornja ulica ★★★ [H12]

Entlang der „Oberen Gasse“ reihen sich ehrwürdige Kirchen und Klöster aneinander, dazwischen lässt sich immer wieder ein Traumpanorama von Altstadt und Meer bewundern.

Im Westen beginnt die Gornja ulica am Wehrturm **Kula Sv. Kristofora** bzw. direkt gegenüber der **Kirchenruine Sv. Ivan Evanđelista.** Die Anfänge des Gotteshauses gehen auf das 6. Jh. zurück. Was heute noch steht – Säulen und Fundamente der Romanik – stammt aus dem 11. Jh. und der intakte **Glockenturm** aus dem 12. Jh. Man kann ihn besteigen und das **Stadtpanorama** auf sich wirken lassen. Wenige Schritte weiter folgt die Kirche **Sv. Justine** (16. Jh.), kenntlich an der rosafarbenen Fassade und dem Zwiebelturm. Die **Sakrale Sammlung** birgt kostbare Reliquiare, war jedoch zum Zeitpunkt der Recherche nicht zugänglich. Das zugehörige **Benediktinerinnenkloster** unterhält einen kleinen **Laden** namens **Benemir** (s. S. 99).

Gleich nach der Kirche öffnet sich die Gasse zum idyllischen **trg Slobode** mit seinem immergrünen **Eichenbaum,** der *stablo slobode* („Freiheitsbaum“) genannt wird. Die Raber pflanzten ihn am 23. April 1921 nach dem Abzug der italienischen Besatzer, als Rab Teil des Königreichs Jugoslawien wurde. Einige Häuser schmücken Fenster in venezianischer Gotik. Der **Cernotta-Palast (Palača Cernotta)** überrascht mit seinem eleganten Portal, dessen Schöpfer bekannt ist: **Andrea Alessi** (1425–1505), einer der berühmtesten Renaissancebildhauer Venedigs.

Eine **Treppe** führt vom Platz hinab ans Meer und zum betonierten **Stadtstrand von Rab.** Die Gornja ulica, die

Wenn die Sonne vom Himmel brennt, ist in der historischen Altstadt von Rab nicht viel los

066kv-fk

nun offiziell **Ivana Rabljanina** heißt, weiter nach Osten gehend, grüßt der romanische Kirchturm von **Sv. Andrija.** Um 1120 gegründet, erhielt das Gotteshaus später ein Renaissance- und danach ein Barockgewand. Der Turm hingegen präsentiert sich in schlichter Romanik.

Der vierte der Raber Türme steht ein gutes Stück von seiner Kirche, der ehemaligen **Raber Kathedrale Sv. Marija (Uznesenja Blažene Djevice Marije)** entfernt, wurde Ende des 12. Jh. erbaut und überragt mit 25 m Höhe die anderen. Schön ist die Anordnung der Fenster: Von den einbogigen in der untersten Etage zu den vierbogigen ganz oben steigert sich die Zahl. 92 steile Stufen führen auf den **Glockenturm.** Begehen sollten sie nur **Schwindelfreie,** denn die Balustrade oben ist recht niedrig. Die Kirche mit ihrer zweifarbigen Fassade weihte Papst Alexander 1176. Eine Renaissancepietà schmückt den Tympamon (Giebel) über dem Eingangsportal. Innen sind das Chorgestühl und das Ziborium (Altarüberbau), beide aus dem 15. Jh., beachtenswert. Das Ziborium ruht teils auf Säulen des frühchristlichen Vorgängerbaus aus dem 6. Jh. Andrea Alessi wird die Balustrade zur Taufkapelle zugeschrieben.

Das **Kloster Sv. Antun** bildet den Abschluss der Oberen Straße. Von hier geht es erneut an Resten der Stadtbefestigung bergab in den **Park Kaldanac** und an den Hafenkai.

› **Glockenturm Sv. Marija** <198>
im Sommer tgl. 9–20 Uhr, Eintritt: 2,50 €

Infos und Reisetipps

› **TZ Rab** <199> trg Municipium Arba 8, Tel. 051 724064, www.rab-visit.com. Touristeninformation mit freundlichem, hilfsbereitem Personal, das Material hingegen ist eher mager. Wer wandern oder biken möchte, fragt explizit nach einer Wanderkarte.

› **Busstation Rab-Stadt** <200> Palit 69 a, Verbindungen mehrmals täglich nach Lopar 60 mit Halt in Palit, Mundanije und Supetarska Draga 61

› **Eros Rab** <201> šet. Markantuna de Dominisa 5, Tel. 051 724688, http://rab-novalja.com. Neben Exkursionen auch Verleih von Fahrrädern und E-Bikes.

MEINE TIPPS

Kirchtürme im Viererpack

Die **Bobotine** genannte Treppengasse folgt vom Platz trg Sv. Kristofora einem noch erhaltenen Abschnitt der Stadtbefestigung aus dem 15. Jh. bergauf zum Wehrturm **Kula Sv. Kristofora,** von dem aus der **Blick über die vier hintereinander gestaffelten Kirchtürme der Gornja ulica** 64 und über die Altstadt reicht, die wie ein Schiff im Blau der Adria liegt. Bestes Fotolicht herrscht am Nachmittag.

› **Aussichtspunkt Altstadt von Rab** <202>

Verschnaufpause gefällig?

An heißen Sommertagen bietet die schattige Anlage des **Parks Komrčar westlich der Altstadt** willkommene Erholung. Angelegt wurde er 1883 auf Initiative eines Raber Naturschützers namens **Pravdoj Belia.** Als oberster Chef der Forstverwaltung oblagen ihm u. a. Wiederaufforstungsmaßnahmen auf der gesamten Insel. In dieser Funktion nahm er sich auch ehemalige Schafweiden westlich der Inselhauptstadt vor und bepflanzte sie mit Blautannen, Zypressen, Eschen, Wacholder, Agaven und Ficus. So entstand ein herrlicher Ort für ein ruhiges Stündchen mit einem guten Buch.

067kv-fk

Unterkünfte

› **Arbiana Hotel** €€€€ <203> Obala Petra Krešimira 12, Tel. 051 775900, https://arbianahotel.com. Eine schöne, wenngleich nicht billige Unterkunft in der Altstadt am Hafenkai mit stilvoll-eleganten Zimmern und exzellentem Restaurant.

› **Padova Premium Camping Resort** <204> Banjol 596, Tel. 052 408222, www.valamar.com/de/camping-rab/padova-camping-resort, Stellplatz 27–50 €. Der runderneuerte Platz in der Banjol-Bucht verfügt mit Pool, Sport- und Spielplätzen sowie direktem Strandzugang über ein breites Freizeitangebot. Neben Zelt- und Stellplätzen verschiedener Kategorien gibt es auch komfortable Mobilheime.

› **Valamar Collection Imperial** €€€ <205> šet. Markantuna de Dominisa 9, Tel. 052 465000, www.valamar.com/de/hotels-rab/imperial-grand-hotel. Eine bessere Lage gibt es nicht: Oberhalb des Komrčar-Parks mit unverstelltem Fernblick über Stadt und Bucht. Das Traditionshaus wurde unter Valamar-Ägide renoviert und wirkt nun modern und frisch.

› **Ville Arbia** €€€€ <206> Banjol 323, Tel. 051 725639, https://ville-arbia.com. Hübsche Anlage mit mehreren Häusern, in denen Doppelzimmern oder Apartments für Selbstversorger zur Wahl stehen. Moderne Einrichtung, kleiner Garten bzw. Terrasse, nur wenige Schritte zum Meer.

Essen und Trinken

› **Agatovi Vrtovi** €€€€, im Arbiana Hotel (s. links), https://arbianahotel.com/de/agatini-garten. *Fine Dining* im eleganten Speisesaal oder im Grün der angrenzenden Parkanlage. Die Küche stellt sich höchsten Anforderungen und erfüllt sie auch.

› **Buža Caffe & Food** €€ <207> Aleksandra Ugalje 1, Tel. 051 725800, auf Facebook. Alternativprogramm mit Burger, Pommes und Co. Auf den Punkt gegrillt, auch vegetarische Varianten und immer frisch.

⌃ *In Rab-Stadt gibt es zahlreiche große und kleine Hotels*

› **Konoba Rab** €€€ <208> Kneza Branimira 3, Tel. 051 725666. Räume und Einrichtung ahmen eine typische Konoba, also einen Weinkeller nach: rustikale Wände, ebensolche Tische und Bänke, lauschige Ecken. Das Essen ist gut und verzichtet auf unnötiges Chichi.

› **Kuća Rabske Torte** €€ <209> Dinka Dokule 2, Tel. 051 771122, www.rabskatorta.com. Die Raber Torte ist eine süße und sehr gehaltvolle Leckerei aus einem feinen, mit Mandeln und Maraschinolikör aromatisierten Teig und wird in Spiralen oder Stangen gebacken. Hier kann man sie probieren.

› **Tapas Bar Kampanel** €€ <210> put Kaldanca 12, Tel. 098 822729, www.facebook.com/tapasbarkampanel, tgl. 18–24 Uhr. Die Bar mit Terrasse, unweit des trg Slobode an Rabs Gornja ulica gelegen, bietet nur wenig Schatten. Daher ist sie mittags kein idealer Ort. Die Tapas sind kroatisch, einige vegetarisch, und sehr kreativ interpretiert.

› **Velum** €€€ <211> Palit 71, Tel. 051 774855, www.velum.hr. Viel gelobt von Stammgästen, die Jahr für Jahr wiederkommen – vor allem für die reizende Terrasse, das freundliche Personal und die hochwertigen regionalen Fischgerichte.

Einkaufen

› **Art Studio Patrikana** <212> ul. Biskupa Draga 2, Tel. 091 2424317, https://art-studio-patrikana-vl-zeljka-belak-kastelan.business.site. Naturprodukte von der Insel und hübscher, aus Muscheln gefertigter Schmuck.

› **Benemir** <213> Ivana Rabljanina 6 (Gornja ul.), www.benemir.com, im Sommer Mo–Do 9–14 u. 18–20, Fr/Sa 9–14 Uhr. Hier gibt es selbst hergestellte Naturheilmittel und Tinkturen.

› **Natura Croatica Rab** <214> trg Municipium Arba 7, Tel. 051 774863, auf Facebook. Delikatessen wie Wein, Öl, Schnaps, Honig und natürlich Raber Torte.

KURZ & KNAPP

KZ-Gedenken

An der Straße von **Kampor** [G11] zur Bucht Kamporska Draga liegt linker Hand das Gelände des ehemaligen italienischen **Konzentrationslagers,** in dem zwischen 1942 und 1943 innerhalb eines Jahres zwischen drei- und viertausend Internierte ums Leben kamen. Die Italiener verbrachten vor allem Slowenen nach Rab, um die Region von Slawen zu säubern und zugleich gegenüber den besonders in Slowenien aktiven Partisanen Geiseln als Faustpfand einsetzen zu können. Der slowenische Architekt Edvard Ravnikar entwarf in den 1950er-Jahren Konzept und Mahnmal der **Gedenkstätte.**

65 Kloster Sv. Eufemija ★★ [G12]

Am Scheitel der Eufemija-Bucht zeigt der historische Konvent mit stillem Kreuzgang eine kleine ethnografische Sammlung.

Zum 1466 erbauten **Franziskanerkloster** gehören die romanische **Kirche** gleichen Namens aus dem 13. Jh. und die kurz nach dem Kloster entstandene **Sv. Bernardina,** deren kostbarstes Exponat ein Polyptychon der Gebrüder Vivarini (1458) darstellt.

Die **ethnografische Sammlung** ist übersichtlich. Reizvoll sind nicht so sehr die „Schätze“ von Kirche und Kloster, sondern die Lage des Komplexes an der Eufemija-Bucht, die schlichte Architektur und die **ruhige Stimmung.** Von Rab-Stadt 62 aus ist es ein besinnlicher **Spaziergang** am Meer entlang.

› **Samostan Sv. Eufemije,** Kampor 19, Tel. 051 724951. **Bei Redaktionsschluss war unklar, ob und zu welchen Zeiten das Kloster 2024 öffnet.**

66 Halbinsel Kalifront ★★[G11]

Eichenwälder wie aus dem Märchen und tiefe, schmale Badebuchten bilden südwestlich der Inselmetropole ein kleines Paradies.

Erforscht wurde der sogenannte **Dundo-Wald** (**šuma Dundo**) auf der Halbinsel Kalifront bereits im 16. Jh. Während es damals vorrangig um die wirtschaftliche Nutzung ging, steht heute der Naturschutz im Vordergrund. Auf 1270 ha Fläche bilden Steineichen, Flaumeichen, Manna-Eschen und wilde Oliven ein dichtes Blätterdach, in dessen Schatten vom Damhirsch bis zum Marder, vom Mufflon bis zu großen Fledermauskolonien eine **reiche Tierwelt** vertreten ist. Im Unterholz verschränkt sich vielfältiges Buschwerk wie Christdorn, Lorbeer und Mastix zu nahezu undurchdringlichen Wänden. Im Frühjahr leuchten Cyklamen und Duftveilchen aus dem Grün.

Kurzum, **Wanderer** und **Radfahrer** fühlen sich im Dundo-Wald selbst im Hochsommer gut beschattet und die zahlreichen **Buchten** an der regelrecht ausgefransten Küstenlinie sorgen für zusätzliche Erfrischung.

Touristisch entwickelt ist nur die **südöstliche Halbinsel Suha Punta** mit der gleichnamigen Hotel- und Apartmentsiedlung, die ihre besten Jahre allerdings schon länger hinter sich hat. Den abgelegeneren Nordwesten erschließt **Wanderung 4** (s. S. 111).

› **Villa Anka** €€€ <215> Suha Punta 90, Tel. 051 724775, http://suha-punta.com. Zeitgemäß gestaltete Pensionszimmer, Ferienwohnungen und Mobilheime in der Ferienanlage Suha Punta, rund 400 m vom Strand entfernt. Die Pension wird sehr individuell von Familie Matušan betreut.

☐ *Blick auf das Meer und die bewaldete Halbinsel Kalifront*

068kv-fk

Ausflüge und Entdeckungen: Auf den Kamenjak

Der 407 m hohe Kamenjak-Gipfel **Straža**, der meist ebenso benannt wird wie der gesamte Gebirgszug, gilt als einer der schönsten Aussichtsbalkons der Kvarner Inseln. Nach Westen fällt der Blick auf die Stadt Rab, nach Osten auf das majestätische Velebit-Gebirge auf dem Festland. Rund 15 km lang und bis zu 1,8 km breit bildet der Felsenkamm eine Barriere zwischen den fruchtbaren Inselteilen und der Wasserstraße Velebitski kanal. Diese ist berüchtigt für die häufig auftretende Bura (s. S. 118). Ihre mit Salz geschwängerten Windstöße haben die Felsbarriere auf Rab abgeschliffen. Eben diesen Folgen der Bura begegnet man auf diesem Ausflug.

Ausgangspunkt für die Tour zum Gipfel – ob zu Fuß, per Mountainbike oder mit dem Auto – ist das Dorf **Mundanije** [H12] ca. 3 km nordöstlich von Rab-Stadt (62). Trockenmauern begrenzen die Felder und Schafweiden und ziehen sich am Hang des Kamenjak ziemlich weit hinauf. Die holprige und schmale Bergstraße, die auch Radfahrer nehmen, mäandert deutlich markiert durch karge Macchia bergauf (3,5 km). Anschaulicher und intensiver erlebt man die typische Karstlandschaft zu Fuß: Es geht durch ein Meer aromatischer Kräuter-Macchia. Eine Vielzahl hölzerner Torgatter ist dabei zu öffnen und wieder gut zu schließen. Kurz nach dem Start in Mundanije (ca. 1 km, 15 Min.) zweigt links der Wanderweg von der Bergstraße ab und verläuft zwischen Weiden und durch Kiefernwald. Erster Halt ist an der Süßwasserquelle **Živa voda** (288 m, 25 Min.). Hier biegt der Pfad scharf nach rechts und erreicht nach weiteren 20 Min. Steigung den **Aussichtspunkt Vidilica Dr. M. Tomašić** (330 m). Zu Füßen liegt Rab-Stadt und voraus im Meer die mächtige Silhouette des Gebirgszugs Osoršćica (17) auf Lošinj. Weitere 15 Min. bergan erreicht man schließlich den Höhenrücken des **Kamenjak.** Dieser ist leider durch die Antennen einer Telekommunikationsstation ziemlich verunstaltet. Etwas unterhalb genießt man in der **Konoba Kamenjak** (s. S. 116) eine fantastische Sicht und bodenständige kroatische Küche. Auf gleichem Weg wandert bzw. fährt man zurück (Aufstieg: 330 Höhenmeter, Dauer: ca. 75 Min.).

069kv-fk

Fernsicht vom Gipfel Kamenjak auf die Halbinsel mit Rab-Stadt

Von Rab-Stadt nach Mišnjak

Strände zwischen Felsriegeln: Rabs südöstlicher Teil reckt sich schmal und langgestreckt in Richtung Festland, im Westen begleitet von der ähnlich geformten, unbewohnten Insel Dolin.

Gute 10 km liegen zwischen der Inselhauptstadt und dem **Fährhafen Mišnjak** [I13], begleitet von Siedlungen wie **Banjol** und **Barbat** und einigen der attraktivsten Strände des Eilands. Alleine die Kulisse, die Felsmasse des **Kamenjak** (s. S. 101) im Rücken und die Mondlandschaft von Dolin gegenüber, hinter der die ähnlich karge Insel Pag hervorlugt, ist phänomenal. Weniger begeistern die sich aneinanderreihenden Ferienhäuser und *apartmani,* die dieser Küste ihren touristischen Stempel aufdrücken. Am beliebtesten **Strand Pudarica** sorgen in den Sommermonaten DJs und **Partys** für nächtliches Entertainment. Vom Hafen Mišnjak pendeln **Autofähren über den Velebitski kanal** zum Küstenort Stinica auf dem Festland.

Essen und Trinken

› **Restaurant Barbat** €€€ <216> im Villa Hotel Barbat, Barbat 366, ca. 5 km südöstlich von Rab-Stadt, Tel. 051 721858, www.hotel-barbat.com. In diesem Familienbetrieb mit idyllischer Terrasse genießen Gäste die besten Speisen der Insel Rab mit innovativer Note. Dazu gibt es Meerblick und nach dem Essen einen Drink in der stylishen Beach Bar.

› **Santos Beach Club und Bar** €€€ <217> Barbat 737, Strand Pudarica, ca. 9 km südöstlich von Rab-Stadt im Inselsüden, Tel. 099 8693453, auf Facebook, im Sommer geöffnet. Lounge-Bereich, Liegestühle, kleiner Pool und große Bar mit DJ-Bühne. Im Sommer der Hotspot in Rab.

Strände

****Stadtstrand Rab (Grajska plaža):** Zwei Sterne für die tolle Lage am Fuß der Altstadtklippen. Der ursprüngliche Felsstrand ist mit Beton begradigt, Schatten oder Infrastruktur gibt es nicht.

****Skver:** Von Rab kommend ist dies der erste Strand an der Promenade in Richtung Palit bzw. Kloster Sv. Eufemija. Es gibt Feinkies, ein paar Felsen, Pinien, die Schatten werfen, und gute Infrastruktur.

*****Kandalora:** Der Kiesstrand auf der Halbinsel Kalifront ging in die Geschichte ein: Hier tauchten 1936 der englische König Edward VIII. und seine nicht standesgemäße, geschiedene Freundin Wallis Simpson hüllenlos ins Meer. Bis heute ist Kandalora ein FKK-Strand, an dem aber auch Bekleidete geduldet werden. Gute Infrastruktur.

****Suha Punta:** Mehrere Sand-Kies-Buchten um die gleichnamige Hotelanlage, teils wild, teils mit guter Infrastruktur. An der Bucht ***Gožinka** verwöhnt eine einfache Konoba die Badenden. Dunkler Sand ist Merkmal der schmalen, tiefen ****uvala Čifnata** mit sanft abfallendem Strand, ideal für Familien (400 m Fußweg zum Parkplatz).

****Padova I bis III:** Die Strände des Städtchens Banjol bieten alles, was das Herz begehrt: feinen Kies, gute Infrastruktur und diverse Sportangebote. Allerdings gibt es wenig natürlichen Schatten und die Strände sind häufig sehr voll.

*****Pudarica:** Fantastischer Sand-Kies-Strand 8 km südöstlich von Rab-Stadt mit Blick auf die Nachbarinsel Dolin, Strandbar, Schirm- und Bootsverleih sowie nächtlichem Abtanzen.

KVARNER INSELN AKTIV

070kv-fk

Baden

Fast im gesamten Kvarner Archipel bildet **Kalkstein** den Aufbau der Inseln. So gut wie alle Strände des Inselreichs sind daher **felsig** oder der Fels ist – je nach vorherrschender Strömung – zu **Kieselsteinen** zermahlen. Viele weisen auch ein Sand-Kies-Gemisch auf. **Badeschuhe** erleichtern den Weg ins Wasser und schützen nicht nur vor scharfkantigem Fels, sondern auch vor den häufig vorkommenden **Seeigeln**, deren mit Widerhaken bewehrte Stacheln schmerzhafte Entzündungen hervorrufen können. An öffentlichen, bewirtschafteten Stränden helfen weit ins Meer reichende **Kais**, von denen **Leitern** ins Wasser führen, oder mittels **Beton oder Holzplattformen** begradigte Uferlinien.

Vorseite: Spaß an der Zipline Edison auf der Insel Krk (s. S. 85)

Lediglich an der Nordwestspitze von Rab, bei Sv. Marak 55 auf Krk, auf Susak 32 und in einigen Buchten von Unije 34 haben sich **Sandstrände** gebildet.

Generell sind die Inselgewässer von außerordentlicher **Sauberkeit.** Alleine 14 Strände auf Krk und zwei auf Cres zeichnete die Organisation Blue Flag mit der **Blauen Flagge** für Sauberkeit und Wasserqualität aus.

Liegestuhlverleih, Bademeister und ein Kiosk mit Snacks und Getränken sind an den **bewirtschafteten Stränden** Standard. Für zwei **Liegen mit Schirm** zahlt man meist um 20 € für den ganzen Tag, muss sie aber nicht in Anspruch nehmen, sondern kann auch einfach sein Handtuch ausbreiten. An den größeren Stränden gibt es häufig auch einen Kanu- oder Seekajakverleih, Paragliding, Jetski sowie weitere **Fun- und Sportangebote** (s. S. 105).

Die meisten **wilden Strände** sind **nur zu Fuß oder per Boot** zu erreichen. Dorthin muss alles Notwendige,

071kv-fk

auch Essen und Trinken, mitgebracht werden, und das in ausreichender Menge. Der steile Weg von Cres' Traumbucht **Sv. Ivan** (s. S. 23) unterhalb des Dorfes Lubenice (11) beispielsweise dauert bergauf etwa eine Stunde. Auf diese Anstrengung bei großer Hitze sollte man gut vorbereitet sein – viele sind es nicht.

FKK wird an abgelegenen Stränden geduldet, einige Buchten wie z. B. der **Sahara Beach** bei Lopar (60) auf der Insel Rab sind eigens für FKK-Jünger ausgewiesen.

Eine genaue Beschreibung aller Inselstrände steht im ersten Teil des Buches bei den jeweiligen Orten unter „Strände".

Die **Parksituation** ist von Strand zu Strand verschieden: Große, offizielle Strände besitzen eigene Parkplätze. An kleinen Buchten parkt man in der Nähe am Straßenrand, wo allerdings oft schon am frühen Vormittag kein Platz mehr zu finden ist.

Die **Badesaison** kann je nach Abhärtung Anfang Juni beginnen und bis Mitte Oktober dauern. Die **Wassertemperaturen** beliebter Badeorte listet die Website des Meteorologischen Instituts Kroatiens:

› https://meteo.hr/index_en.php (Menüpunkt „Data and Observations/„Sea Temperature")

Bewertung der Strände

* Gut für einen Sprung ins Wasser und ein kurzes Sonnenbad, keine Infrastruktur.

** Angenehmer Strand für einen längeren Aufenthalt, mit Infrastruktur wie Verleih von Liegestühlen oder Sportgerät, Duschen, ev. auch Restaurant oder Speise- und Getränkekiosk.

*** Traumstrand, idyllisch gelegen, herrliche Landschaft, manche mit, manche bar jeglicher Infrastruktur.

072kv-fk

Wassersport

Seekajakfahren und Stand-up-Paddeln (SUP)

Die beiden umweltschonenden Trendsportarten sind in den Ferienorten an den Stränden gut vertreten. **Sea Kayak Croatia** veranstaltet ein- bis mehrtägige **Kajaktouren** in der Inselwelt. Zum Einstieg empfiehlt sich eine Tagestour, etwa rund um die Inselhauptstadt Rab (62). Angesagt ist ferner **Stand-Up-Paddling (SUP)**, das angesichts der oft spiegelglatten Adria besonders viel Spaß macht. Empfehlenswerte **Anbieter:**

› **Active Lošinj** <218> Rovenska-Bucht (30), Insel Lošinj, Tel. 097 6393922, www.rentalosinj.com. Verleih, Kurse und Touren im Stand-up-Paddeln (SUP) von freundlichen Profis. Die Touren werden alternativ mit Klippenspringen (2 Std., 30 €) angeboten.

Stand-up-Paddeln ist auf den Kvarner Inseln sehr beliebt

Verwunschene Bucht beim Hafen Merag [D8] auf der Insel Cres

- **Kajakverleih Valun** <219> Valun bb, Insel Cres, Tel. 091 8885235. Die Bucht von Valun 10 ist ideal zum Paddeln. Kajaks verleiht der Lebensmittelladen.
- **Sea Kayak Croatia** <220> Banjol 341, Insel Rab, Tel. 099 3227006, www.seakayak.hr. Kajakverleih und -Touren, z. B. im Kajak um Rabs Altstadt und die Halbinsel Kalifront, 4 Std. 60 €.
- **Sunbird** (s. S. 107), Čikat-Bucht, Insel Lošinj
- **Zen Adventures** (s. S. 89), Baška 58, Insel Krk

Segeln und Bootfahren

Das Kvarner Archipel ist ein fantastisches und entsprechend **beliebtes Bootsrevier.** Viele Traumbuchten sind nur von See her zugänglich. Häufig übernehmen **Taxiboote** den Transport und die Abholung. Die Kosten sind, je nach Entfernung, relativ hoch und können durchaus 90 € für einen halben Tag betragen.

Viele Schiffeigner überwintern ihre Segel- oder Motorboote in den **Marinas** auf den Inseln. Die Marina von **Punat** 50 zählt mit 850 Liegeplätzen im Wasser und 500 an Land zu den größten der kroatischen Adria.

- **Marina Punat** <221> Puntica 7, Tel. 051 654111, www.marina-punat.hr

073kv-fk

Die Kvarner Inseln sind ein Eldorado für Segler

Einen **Überblick** über die Marinas der Kvarner Region liefern die folgenden Websites:

- https://aci-marinas.com
- www.kroati.de/kroatien-infos/marinas.html

Da wohl die wenigsten ein Boot ihr Eigen nennen, offerieren **Bootsverleihe** in jedem größeren Hafenort verschiedenste Bootstypen zur Miete. Dafür ist ein **Bootsführerschein** Bedingung. Eine 10 m lange Segeljacht mit zwei Kabinen schlägt pro Tag mit rund 350 € zu Buche.

Mietet man ein kleines **Motorboot** (5 PS), kostet einen das in etwa 90 €/Tag (z. B. www.nautal.de).

Tauchen und Schnorcheln

Glasklares Wasser und wild zu **Klüften und Höhlen** zerfurchter Kalkstein bieten Schnorchlern und Tauchern ideale Bedingungen. Seepferdchen und kleine Kraken zeigen sich auf jeden Fall, auch Hummer, die sich in Höhlen verstecken, und die charakteristischen Skorpionfische, die über von Korallen und Schwämmen besiedelten Felsengärten schweben. Vor der Küste liegende **Schiffswracks** bieten verschiedensten Fischen Schutz und Lebensraum. Hier lassen sich Aale, Seezungen, Thunfische, Oktopusse, Drachenköpfe und Meeresschildkröten entdecken. Im Frühsommer sind in der Kvarner Bucht sogar **Delfinschulen** unterwegs.

Zu den Höhepunkten zählt der **Tunnel von Prvić** unterhalb der Insel Prvić 59 vor Krk. Aus einer Tiefe von 18 m taucht man durch einen 30 m langen Tunnel bis auf 8 m hinauf und erlebt dort ein grandioses, von Sonnenstrahlen erhelltes Farbenspiel mit

Gorgonien, Schwämmen und Schulen verschiedenster Fische. Prvić lässt sich am besten von Baška 58 auf der Insel Krk aus anfahren.

Einige **Korallenriffe** sind sogar bequem und ohne längere Bootsanfahrt vom Strand aus erreichbar, so vor Beli 1 auf Cres und vor Vrbnik 53 auf Krk.

Auf der Halbinsel Čikat 25 auf Lošinj lässt sich ein **Archäologischer Unterwasserpark** (s. S. 42) betauchen.

Tauchschulen auf Cres

- **AgramSub Diving,** Camp Slatina (s. S. 27), Tel. 099 3232305, Tel. 098 1932720, https://agramsub.hr, Juni–Sept. Ausrüstungsverleih, Kurse und Exkursionen.
- **Diving Base Beli** <222> Zufahrt zum Strand von Beli, www.beli-tramontana.com/de/diving-base. Schnuppertauchkurse für Anfänger und Exkursionen zu Riffen, Höhlen und Wracks für Erfahrene. Schnuppertauchen 60 €, Hausriff-Tauchgang vom Strand 15 €, vom Boot 35 €.

Tauchschule auf Lošinj

- **Top Dive Diving Centre** <223> Čikat bb, Tel. 098 812845, https://top-dive.hr, Mai–Okt. tgl. 8–18 Uhr. Top Dive lockt Interessierte nicht nur mit Schnuppertauchen, Exkursionen und Kursen, sondern auch mit einem archäologischen Unterwasserpark (s. S. 42).

Tauchschulen auf Krk

- **Correct Diving,** im Camp Glavotok (s. S. 68), Tel. 051 869148, https://correct-diving.com
- **Diver Krk** <224> Braće Juras 9, Krk-Stadt, Tel. 091 2222390, http://diver-krk.hr. Das sympathische Team um Vlado und Vedran führt Tauchexkursionen und gibt Kurse mit SSI-Zertifikat. Auch Schnuppertauchen möglich.
- **Squatina Diving** <225> Zarok 88 a, Baška, Tel. 099 4332080, www.squatinadiving.com. Die deutschsprachige Tauchbasis bildet nach CMAS-Standard aus, bietet Schnuppertauchen und Tauchexkursionen an, u. a. in das Schutzgebiet um die Insel Prvić.

Tauchschule auf Rab

- **Moby Dick Diving** <226> Lopar 493, Tel. 091 5201643, www.mobydick-diving.com. Tauchexkursion vor allem um die Inseln Prvić, Goli otok und Sv. Grgur.

Wind- und Kitesurfen

Wellenreiter schauen wegen der meist felsigen Strände in die Röhre, wer aber mit Segel und Brett surfen möchte, findet jede Menge Gelegenheiten, denn eine frische Brise weht fast immer. Wobei sich **Anfänger** sowohl beim Wind- als auch beim Kitesurfen besser genau informieren, wann sie aufs Wasser können und wann nicht, denn **Winde** wie die **Bura** (s. S. 118) erfordern technisches Können. **Kitesurfer** treffen sich an der plaža Ridimutak [C13] auf Lošinj und in Njivice 36 auf Krk. Anfänger lernen in der **Čikat-Bucht** auf der Insel Lošinj, denn die Bucht ist sehr gut vor Winden geschützt. Der folgende **Anbieter** ist hier empfehlenswert:

- **Sunbird** <227> Čikat-Bucht, Tel. 915283963, www.sunbird.de, April–Okt. Angefangen hat Elmar Vogel als Windsurflehrer, inzwischen bietet der sympathische Unternehmer zusätzlich 30 Windsurfboards, 40 Riggs von 1,50 m² bis 7,50 m², SUP-Boards, drei Katamarane, eine Segeljolle sowie Seekajaks und Mountainbikes im Verleih an. Zur Wahl stehen zudem Kurse für Anfänger wie Fortgeschrittene, auch Kinder ab 6 Jahren können hier das Surfen erlernen.

Wandern

Auf den vier großen Inseln wird viel gewandert, auf den kleinen Eilanden Ilovik 31, Susak 32 und Unije 34 sind nur kleine Touren möglich. Die meisten **Wanderwege** dienen zugleich als Fahrrad- bzw. **Mountainbike-Strecken.** Die Qualität der Wege und insbesondere der **Markierungen** ist allerdings sehr unterschiedlich. Besonders touristische Regionen wie Punat 50 auf Krk, Lopar 60 auf Rab und die Insel Lošinj weisen gut instand gehaltene Wander- und Radwegnetze aus. Andernorts verlaufen die Wanderungen auf **alten Hirtenpfaden** und enden nicht selten in der Pampa. Gutes Kartenmaterial ist empfehlenswert.

Besonders beliebte Wanderziele sind die **höchsten Berge** der jeweiligen Insel, beispielsweise die Televrina auf Lošinj (s. Wanderung 2) oder der Kamenjak auf Rab (s. S. 101). **Gut markierte Wege** führen zum Gipfel, sind allerdings auch **für den Autoverkehr freigegeben.** Als Wanderer muss man damit rechnen, motorisierter und Staub aufwirbelnder Konkurrenz zu begegnen.

Fahrzeuge haben in **Rabs größtem und ältestem Eichenwald**, dem **Dundo-Wald** auf der Halbinsel Kalifront 66, keine Durchfahrt. Hier führen flach verlaufende **Wanderwege** am Wasser entlang und durch den fast urwaldartigen Bewuchs des Naturschutzgebiets. Populär bei Wanderern wie Radfahrern ist die **Halbinsel Pernat auf Cres** rund um das Dorf Lubenice 11. Auf **Krk** wandert man auf rund 300 km markierten Wegen entweder durch Mondlandschaft oder immergrüne Wälder.

075kv-fk

Routenverlauf im Inselplan
Die hier beschriebenen Wanderungen sind mit farbigen Linien im Inselplan eingezeichnet.

Uferpromenaden sind etwas für den entspannten Abendspaziergang, beispielsweise der ca. 8 km lange Lungomare (s. S. 42) am Meer entlang von Mali 18 nach Veli Lošinj 26 oder die 8 km lange Meerespromenade von Porat 38 bis Njivice 36 auf der Insel Krk, deren letztes Teilstück „Paradiesweg" (s. S. 65) genannt wird.

Bei den touristischen **Infobüros** (s. S. 126) vor Ort sind **Wanderkarten** unterschiedlicher Qualität und Genauigkeit meist kostenlos erhältlich. Als Infoquelle eignet sich zudem die **Website** des jeweiligen Tourismusverbandes, der dieses Angebot mal mehr, mal weniger engagiert pflegt. Für **Krk** existiert ein sehr gutes Kartenwerk in zwei Teilen (Krk-Nord und Krk-Süd), das auch online oder per **App** (Krk Hide) verfügbar ist.

- **Cres:** www.kvarner.hr/staze-setnice/en/cres.html
- **Lošinj, Ilovik, Susak, Unije:** www.visitlosinj.hr/foothpats--promenades.aspx
- **Krk:** https://krk.hr/wp-content/uploads/2022/04/KrkOutdoor_GbDe.pdf
- **Rab:** www.kvarner.hr/staze-setnice/en/rab.html

Kleiner Wanderpfad zur Kirchenruine Sv. Marak 55 auf der Insel Krk

Wanderung 1: Cres – Rundtour über die Halbinsel Garbin

Ausgangspunkt ist der **Parkplatz** oberhalb des Ortes **Valun** ⑩. Ein Stück bergab zweigt ein (für Autos gesperrtes) Sträßchen nach links bzw. Westen ab, dem man stetig bergan steigend folgt. Nach etwa 1 km schlägt der Pfad einen scharfen **Haken nach rechts** (Norden) und verläuft dann relativ konstant in rund 200 m Höhe **oberhalb der Ostküste** der Halbinsel Garbin nach Norden.

Nach 3 km ist das Dörfchen **Pernat** [B9] erreicht. Hier wendet sich der Weg durch Schafweiden und von Trockenmauern begrenzte Felder scharf nach Südwesten und erklimmt auf den folgenden 1,5 km weitere 100 Höhenmeter. Nun läuft man **oberhalb der Westküste** der Halbinsel gen Süden und auf etwa gleichbleibender Höhe auf das Bergdorf **Lubenice** ⑪ zu (Km 7), wo man einen phänomenalen **Ausblick** genießt. Gegenüber dem **Bufet Loža** in der einstigen **Loggia** führt der Rundweg nun mal ab-, mal ansteigend zuerst nach Nordosten und passiert mehrere **Wasserstellen** für Schafe. Ab Km 8 geht es kontinuierlich **bergab**, bis man nach gut 10 km **wieder oberhalb von Valun** angelangt ist.

- **Charakter:** einfache Rundwanderung auf alten Hirtenpfaden
- **Ausgangs- und Endpunkt:** Valun ⑩ [B9]
- **Länge:** 10,5 km
- **Dauer:** ca. 3 Std.
- **Höhenunterschied:** 350 m
- **Einkehr:** in Lubenice ⑪ (Tipps s. S. 24) nach zwei Dritteln oder in Valun (Gostionica na moru, s. S. 22) am Ende der Tour

074kv-fk

Wanderung 2: Lošinj – Auf den Gebirgszug Osoršćica

Los geht es in **Nerezine** ⑯ nördlich des Ortes etwas abseits der Hauptstraße. Zumeist durch **Kiefernwald** läuft man bergan, hält sich an einer Abzweigung (Schild Sv. Mikula) links und erreicht in rund 1–1½ Std. die **Kapelle Sv. Mikula** (558 m) ein Stück oberhalb des Bergkamms des **Osoršćica** ⑰. Nach einer kurzen **Pause mit herrlicher Fernsicht**, die an klaren Tagen über Cres und Rab zum Velebit-Gebirge auf dem Festland reicht, kehrt man zum Abzweig zurück. Nun hält man sich rechts (nordwärts) und folgt dem Kamm rund 25 Min. bis zum **Gipfel Televrina** (588 m), der an seinem **Antennenwald** unschwer zu erkennen ist.

Kurz davor könnte man einen **Abstecher zur Höhle des hl. Gaudentius** unternehmen, des aus Osor ⑬ verbannten Bischofs (s. S. 29), der dort ein Jahr als Eremit lebte. Die Abzweigung nach Osten ist allerdings leicht zu übersehen (Jama Sv. Gau-

Eine Markierung weist auf dem Gebirgszug Osoršćica den Weg

- **Charakter:** mittelschwer mit teils starken Steigungen im ersten Drittel, teils auf Hirtenpfaden, teils auf nicht asphaltierter Fahrstraße
- **Ausgangspunkt:** Nerezine 16 (Pešćine) [C14]
- **Endpunkt:** Osor 13 [C13]
- **Länge:** 12 km
- **Dauer:** ca. 4½ Std.
- **Höhenunterschied:** 570 m
- **Einkehr:** Berghütte Sv. Gaudencija (nur im Sommer: Di–So) nach zwei Dritteln der Tour
- **Anfahrt:** Mit dem Auto nach Nerezine, dort biegt man von der Hauptstraße 100 nach Norden in Richtung Pešćine und parkt ca. 600 m weiter, wo ein Schild nach Sv. Nikola weist. Alternativ mit dem Bus von Mali Lošinj 18 oder Cres-Stadt 4 nach Nerezine (jeweils am frühen Morgen).

dent), und es geht 100 m teils richtig steil bergab.

Der Pfad verläuft **weiter den Kamm entlang** nach Norden mit herrlichem Ausblick, einige Passagen sind ausgesetzt und gesichert. Schließlich läuft man auf der **Schotterstraße**, auf der auch Autos und Mountainbiker unterwegs sein können, zur **Hütte Sv. Gaudent** (274 m, 4 km, ca. 1 Std. ab Televrina). Hier sollte man unbedingt eine weitere **Rast** einlegen, die Terrasse ist ein fantastischer **Aussichtsbalkon.**

Für den **Abstieg** folgt man den **Hinweisschildern nach Osor** (Insel Cres). Der Weg verläuft teils auf der Schotterstraße, teils abseits.

Zum Abschluss wird der Campingplatz Preko mosta (s. S. 32) auf Cres durchquert. Dann ist Osor erreicht. **Zurück nach Nerezine** gelangt man von hier **per Bus.**

Wanderung 3: Krk – Von großen und kleinen Buchten

Von der **Rezeption des FKK-Camps Bunculuka** führt der Weg deutlich ausgeschildert (Wanderweg Nr. 9) bergauf und nach Nordosten durch karge, nur von etwas Macchia bewachsene **Felslandschaft** mit Ausblick auf die Küstenlinie. Nach rund 2 km und 200 Höhenmetern passiert man die Einmündung von Route 10, der Variante für den Rückweg.

Etwa 1 km weiter eröffnet der einmalige **Aussichtspunkt Rebica** den Blick auf die beiden Buchten Vela und Mala Luka. Nach steilem Abstieg legt man bei Km 4,3 am Strand bzw. in der Konoba von **Vela Luka** [H8] zunächst eine **Wanderpause** ein. Wer noch 1,5 km weiterwandert an die nicht minder schöne Bucht von **Mala Luka** [H7], sollte auch den ausgeschilderten **Abstecher** zu den römischen Ruinen von **Corinthia** unternehmen (100 Höhenmeter).

- **Charakter:** mittelschwer, viel Geröll. Knöchelhohe, stabile Schuhe sind ein Muss. Badesachen nicht vergessen: In beiden Buchten gibt es schöne Strände.
- **Ausgangs- und Endpunkt:** Baška 58, Rezeption Naturisten-Camp Bunculuka [H8]
- **Länge:** 10 km (Variante ohne Vrženica-Schlucht 9 km)
- **Dauer:** ca. 3½ Std.
- **Höhenunterschied:** 320 m
- **Einkehr:** Konoba in der Bucht Vela Luka (nur im Sommer) nach der Hälfte der Tour
- **Anfahrt:** per Auto oder Bus von verschiedenen Orten auf Krk bis Baška, Parkerlaubnis im FKK-Camp erbitten.

Auf **gleichem Weg** kehrt man zurück bis zur oben beschriebenen Abzweigung des **Wanderwegs 10** durch die **Vrženica-Schlucht** [H8]. Die nun folgenden 2 km durch den Canyon bergab zum Meer enthalten kurze **Kletterpassagen** und sollten **nur von Geübten** begangen werden. Wer darauf verzichten möchte, folgt einfach der Strecke des Hinwegs gen Südwesten (Wanderweg 9). Wer sich für die Schlucht entscheidet, wird über die Landschaft mit den nahe zusammenrückenden Felswänden staunen. Am **Meer** angekommen, geht es nun bequem 2 km am Wasser entlang und kurz landeinwärts **zurück zum Ausgangspunkt.**

Wanderung 4: Rab – Durch magische Wälder zu wilden Stränden

Vom **Parkplatz** bei der Siedlung Šurline südlich von **Kampor** [G11] wandert man zunächst auf einem schmalen Asphaltsträßchen, dann auf Waldpfaden konstant in nordwestliche Richtung durch den dichten, dunklen **Dundo-Wald** (s. S. 100), der sich über die **Halbinsel Kalifront** 66 erstreckt. Wer sich ganz ruhig verhält, sieht womöglich Damhirsche, sicher aber eine der vielen Eidechsen, die hier heimisch sind. Nach rund 2,5 km muss man aufpassen: Der Asphaltweg biegt links ab, der Pfad zur Nordwestspitze verläuft aber weiter geradeaus in Richtung **uvala pošta**, die 3 km und einige (zu ignorierende) Abzweigungen weiter erreicht ist. Zeit für eine erste **Badepause** an der meist menschenleeren Felsbucht mit Sicht auf die Inseln Krk und Cres.

Ein Stück zurück an der ersten **Kreuzung** rechts folgt der Weg nun in einigem Abstand zum Meer der **Uferlinie**

076kv-fk

Auf Rab kann man wunderbar durch Wälder wandern

- **Charakter:** einfache Rundwanderung, auch an heißen Tagen möglich, denn sie verläuft fast durchgängig durch Wald und passiert einige Buchten, die sich zum Baden anbieten. Badesachen und unbedingt Badeschuhe (Fels, Seeigel) mitnehmen. Da der Weg gut ausgebaut ist, eignet sich die Tour auch für eine Jogging- oder Power-Walking-Runde.
- **Ausgangs- und Endpunkt:** Kampor, Parkplatz am Zugang zum Dundo-Wald [G12]
- **Länge:** 16 km
- **Dauer:** reine Gehzeit 4½ Std.
- **Einkehr:** unterwegs keine Möglichkeit. Proviant und Wasser mitnehmen!
- **Anfahrt:** Von Rab-Stadt 62 mit dem Auto nach Kampor (15 Min.), links abbiegen am Schild Reservat Dundo (auch Hinweis Konoba Gožina) und weitere 3 km zum Parkplatz an der Schranke bei Šurline. Mit dem Bus bis Suha Punta, zurück zur Abzweigung (ca. 500 m) und dort bis zum Ausgangspunkt an der Schranke.
- **Karte:** Smand Otok Rab, 20 a, 1:25.000, erhältlich in Souvenirshops und am Kiosk

Kalifronts (Markierung: Route 4) nach Südosten bis zur **Doppelbucht uvala Tunera** und **uvala Sv. Mara** (3 km). Ein hübscher Kiesstrand mit schattigem Baumbewuchs verführt zu einer weiteren **Pause.** Früher – der Name *tunera* sagt es – hielten die Fischer hier Ausschau nach Thunfischschwärmen.

Weiter nach Südosten folgt der Pfad der **zerfurchten Küste** stets ein Stück landeinwärts, kurze **Stichpfade** führen zu weiteren **Buchten,** die man jeweils in wenigen Minuten erreicht. Die karibisch türkisfarbene **uvala Valsika** (3,5 km) ist die **letzte Bademöglichkeit** auf der Wanderung, die sich ab hier wieder dem Wald zuwendet (markiert mit Route 4). Rund 2 km weiter, teils einem Zaun folgend, ist man **wieder am Parkplatz** angelangt.

Weitere Aktivitäten

Angeln und Hochseeangeln

Für den Fischfang benötigt man einen **Angelschein,** der bei den unten aufgeführten, autorisierten Verkaufsstellen oder online erhältlich ist und rund 10 €/Tag kostet. Zu beachten sind die jeweils geltenden Bestimmungen und **Schutzzonen** – so darf von Stränden in der Zeit von Mai bis Anfang Oktober prinzipiell nicht geangelt werden.

› **Cresanka** <228> Cons 11, Cres-Stadt, Tel. 051 571428, Insel Cres
› **Lošinjska plovidba** <229> Riva lošinjskih kapetana 8, Mali Lošinj, Tel. 051 231077, Insel Lošinj
› **Ribolovac** <230> Šetalište Svetog Bernardina 3, Krk-Stadt, Tel. 051 220092, Insel Krk
› **Udica (Angel)** <231> Palit 232, Rab-Stadt, Tel. 051 724328, Insel Rab
› **Infos:** https://ribarstvo.mps.hr/default.aspx?id=5010

Für das **Hochseefischen** ist die Kvarner Bucht nicht die optimale Region, aber einige Anbieter nehmen Angler mit zum *Big Game Fishing,* insbesondere von Thun- oder Schwertfisch, zum Beispiel Rent a Boat Krk – Bura:

› www.boat-charter-krk.com/de/fishing-2

Klettern

Freeclimbing steckt auf den Inseln noch in den Kinderschuhen, doch die steile **Ostküste von Krk** und die **Westküste von Cres** bieten immerhin sechs Klettergebiete mit über 200 Routen, die man sich auf der folgenden Website ansehen kann:

› https://climb-europe.com/rockclimbingshop/rock-climbing-croatia-kvarner

Mountainbike- und Radfahren

Für Radfahrer gilt im Grunde alles, was weiter vorn bereits zum Thema Wandern (s. S. 108) gesagt und an praktischen Informationen aufgelistet wurde. Wege und Kartenmaterial sind identisch, manche Touren sind besser für Biker, andere eher für Wanderer geeignet. Vor allem **Cres** ist ein **Mountainbike-Paradies,** dort locken auch anspruchsvolle Strecken. **Genussradler** werden auf **Lošinj, Krk und Rab** glücklich.

Viele Hotels, Campingplätze oder auch Privatvermieter stellen ihren Gästen Räder zur Verfügung, häufig sogar kostenlos. In den Urlaubsorten findet sich stets ein **Fahrradverleih** mit gut gewarteten, modernen Rädern. Mountainbikes kosten um 15–20 €/Tag, mit Elektromotor zahlt man etwa das Doppelte. **Adressen** empfehlenswerter Vermieter sind bei den jeweiligen Orten unter „Infos und Reisetipps" gelistet.

KVARNER INSELN ERLEBEN

078kv-fk

Feste und Folklore

Zu den großen traditionellen Festen zählen nach wie vor die **kirchlichen Feiertage**, die mit feierlichen **Prozessionen** begangen werden, gelegentlich sogar als Bootsprozession, etwa in Lopar 60. Häufig geben **Marienfeiertage** wie Maria Schnee (5. August), Mariä Himmelfahrt (15. August) und Mariä Geburt (8. September) Anlass zu großen Festlichkeiten, oft auch die **Patronatstage** der örtlichen Schutzheiligen, z. B. Sv. Kvirin auf der Insel Krk am 30. April oder Sv. Kristofor auf der Insel Rab am 21. Juli.

Viele Veranstaltungen haben traditionelle Wurzeln. Dazu zählen beispielsweise **Mittelalterfeste** wie die **Rapska fjera** (25. Juli, dreitägig), bei der sich die Altstadt von Rab in einen riesigen Mittelaltermarkt mit Wettbewerben, z. B. im Bogenschießen, verwandelt. Ähnliches passiert in Krk-Stadt 46 beim Volksfest **Lovrečeva** (8. August, dreitägig).

Klassische Musik in historischen Räumen erklingt anlässlich der **Osorer Musikabende** Mitte Juli bis August im Dom Mariä Himmelfahrt in Osor 13 auf der Insel Cres (www.osorfestival.eu).

Auch **kulinarische Feste** sind ausgesprochen beliebt: Rab feiert im März/April den **wilden Spargel** mit einer Riesen-Fritaja (Rührei mit Spargel) und Folklore. Baška 58 auf Krk widmet das Festival **Črna ovca** Mitte Mai den neu geborenen Lämmern.

Informationen zu Veranstaltungsterminen liefern die touristischen **Infostellen** der größeren Ferienorte (s. S. 126).

Feiertage

- **1. Januar:** *Nova godina* (Neujahr)
- **6. Januar:** *Sveta tri Kralja* (Heilige Drei Könige, Epiphanias)
- **Ostermontag** (*Uskrsni ponedjeljak*, beweglich)
- **1. Mai:** *Praznik rada* (Tag der Arbeit)
- **Fronleichnam** (*Tijelovo*, beweglich)
- **22. Juni:** *Dan antifašisticke borbe* (Tag des antifaschistischen Kampfes)
- **25. Juni:** *Dan državnosti* (Nationalfeiertag)
- **5. August:** *Dan zahvalnosti* (Danksagungstag)
- **15. August:** *Velika Gospa* (Mariä Himmelfahrt)
- **8. Oktober:** *Dan neovisnosti* (Unabhängigkeitstag)
- **1. November:** *Svi sveti* (Allerheiligen)
- **25. und 26. Dezember:** *Božić* (Weihnachten)

Kulinarische Entdeckungen

Essen und Trinken

Das Image der **kroatischen Küche** hat sich verändert: Die Ära von **Čevapčići** und Spanferkel ist vorbei, was nicht heißen soll, dass es Allerlei vom Grill nicht nach wie vor gibt. Viele Köche haben jedoch weit über den Tellerrand geschaut und Bewährtes mit Innovativem vermählt. Das Ergebnis ist eine spannende, oft sehr feine **mediterrane Küche.**

Vorseite: Ein Foto zur Erinnerung an das malerische Mali Lošinj 18

Fisch und Meeresfrüchte mit Seeblick – was will man mehr?

Fisch steht bei der Küsten- und Inselküche naturgemäß im Vordergrund. Wolfsbarsch, Dorade, Petersfisch und andere Edelfische kommen inzwischen meist aus der Zucht. Immer häufiger findet man Fisch „zweiter Klasse“ auf der Karte: Sardinen, Makrelen oder die winzigen *girice* können wesentlich leckerer sein als die edlen Genossen der „Klasse eins“. Tintenfisch, Sepia, Garnelen und Muscheln vervollständigen das Angebot. Einige Insellokale bereiten Tintenfisch **„in der peka“** zu, *izpod peke*. In einer schweren Eisenpfanne garen Gemüse, Kartoffeln, Gewürze und Tintenfisch stundenlang auf offener Herdglut – sehr fein!

Was **Fleisch** angeht, so finden sich die Hackfleischröllchen Čevapčići, die Schweinefleischspieße Ražnići, Lamm oder Ferkel am Spieß auf den Speisekarten so gut wie aller Restaurants. Lamm und Kalb sind Basis verschiedenster Gerichte aus der *peka*.

Spezialität der Insel Krk sind *šurlice*, frisch gerollte Nudeln, die unseren **Schupfnudeln** ähneln. Für dieses Gericht gibt es zwei empfehlenswerte Adressen auf Krk: die Konoba Zora (s. S. 69) in Omišalj 35 und die Konoba Ulikva (s. S. 63) in Dobrinj 41.

Inspiriert von anderen Ländern haben kroatische Küchenchefs die **Fusionsküche** entdeckt. So findet man auf den Speisekarten edler Lokale häufig „kroatisches Sushi“ oder „kroatische Tapas“.

Smoker's Guide

Die Kroaten zählen (noch) zu den starken Rauchern Europas, wenngleich es auch hier Raucherschutzbestimmungen gibt. In vielen Lokalen darf nur in **eigens ausgewiesenen Nebenräumen** gepafft werde, dort ist der Verzehr von Speisen verboten. In einigen Lokalen gibt es keine Restriktionen für Raucher – man erkundige sich vorher, wenn man ungern eingenebelt werden möchte. Da sich das Leben die meiste Zeit des Jahres im Freien abspielt, ist mit massiver Rauchbelästigung in Innenräumen nicht zu rechnen. Nikotinliebhaber kommen in Genuss der deutlich **niedrigeren Preise für Tabakwaren.**

088kv-fk

079kv-fk

Weinlese auf Krk: Hier wird der Weißwein von Vrbnik 53 geerntet

Zu den inseltypischen Süßspeisen zählt die **Raber Torte**, ein mit Maraschino (Kirchlikör) veredelter Mürbteig in Schneckenform.

Weißweine von der Insel Krk zählen zu den besonders guten kroatischen Tropfen. Die Sorte **Zlatna Vrbnička Žlahtina** aus der Region um Vrbnik 53 ist ein perfekter Begleiter zu Fisch.

Leitungswasser hat theoretisch Trinkwasserqualität, praktisch ist es jedoch empfehlenswerter, Mineralwasser im Supermarkt zu kaufen. Meist werden das aus Slowenien stammende Radenska oder die kroatischen Marken Jamnica oder Jana serviert, die es auch mit sanftem und ganz ohne Sprudel gibt.

Im Restaurant

Essenszeiten: Wie die meisten Südländer nehmen auch die Bewohner der Kvarner Inseln zum Frühstück kaum mehr als einen Kaffee und ein süßes Hörnchen zu sich. So gegen 11.30 bzw. 12 Uhr wird der knurrende Magen mit einer *marenda,* einem günstigen Mittagessen im Restau-

Meine Tipps

Lokale mit guter Aussicht

Einen tollen Blick hat man in (fast) allen Restaurants – entweder auf das Treiben am Hafen und an der Riva oder aber über eine Bucht oder das Meer. Hier die wohl schönsten kulinarischen Aussichtspunkte:

- **Gostionica Bag** (s. S. 90) in Baška 58 auf Krk: Von der verglasten Terrasse fällt der Blick auf die geschwungene Bucht, das Treiben am Strand und die kahlen Felshänge gegenüber.
- **Konoba Feral** (s. S. 28) in Martinšćica 12 auf Cres: Sonnenuntergänge mit Romantikgarantie. Wer nichts essen möchte, wählt einen Platz in der Pirata Lounge.
- **Konoba Kamenjak** €€ <232> Banjol 286, ca. 6 km östlich von Rab-Stadt 62, Tel. 098 9733170. Vor der Fahrt hinauf zur Konoba unbedingt ausmachen, wer zurückfährt (und keinen Alkohol trinkt), die Straße ist abenteuerlich. Lohn ist die herrliche Aussicht. Rabs Altstadt liegt einem zu Füßen, dahinter die vielgestaltige Inselküste – was will man mehr? Dazu schmecken Grillspezialitäten oder das typische Schmorfleisch Rapska Pašticada.
- **Mariana** (s. S. 81) in Stara Baška auf Krk: Recht einfach und unprätentiös, aber mit fantastischem Blick aufs Meer.
- **Nada** (s. S. 84) in Vrbnik 53 auf Krk: Die Terrasse des Restaurants thront wie ein Adlerhorst über dem Meer.
- **Tematski Vidikovac Providenca** (s. S. 45) auf Lošinj: Was für ein Name! Und was für ein Panorama über Lošinj und ihre Nachbarinseln! Dazu gibt es Snacks und Drinks.

Lecker vegetarisch

Den Autoren ist auf ihren Reisen über die Kvarner Inseln kein rein vegetarisches Lokal begegnet, das länger als ein Jahr überlebt hätte. Allerdings wächst das vegetarische, manchmal sogar vegane Angebot in den Restaurants insgesamt konstant. Wer weder Fisch noch Fleisch isst, wird mit Käse, Salat oder Suppe oder aber Pasta und Risotto einigermaßen gut über die Runden kommen. Vereinzelt gibt es auch Ansätze, sicher begünstigt durch „alternativen" Tourismus, das vegetarische oder gar vegane Speisenangebot anspruchsvoll zu gestalten, so beispielsweise im **Restaurant der Pension Tramontana** (s. S. 15) auf der Insel Cres.

rant, beschwichtigt. Das Abendessen nimmt man eher spät, ab 20 Uhr, ein.

Lokale: Theoretisch gibt es Unterschiede zwischen einer **Konoba** (früher ein Weinkeller, in dem auch einfache Speisen gereicht wurden) und einem **Restaurant** *(restoran)*, praktisch verwischen die Grenzen. In beiden wird dem Gast eine umfangreiche Speiseauswahl offeriert; eine Konoba mag rustikaler, ein Restaurant eleganter eingerichtet sein.

Öffnungszeiten: Die meisten Restaurants sind im Sommerhalbjahr täglich und durchgehend geöffnet. Im Winter legen viele eine Mittagspause und/oder einen Ruhetag ein oder sperren ganz zu.

In Restaurants und Cafés ist ein angemessenes **Trinkgeld** zu zahlen. Gemeinhin rechnet man bei geringen Summen mit 15 % des Rechnungsbetrags, bei höheren entsprechend weniger.

Shopping

Für einen **Einkaufsbummel** empfehlen sich die Inselhauptstädte, insbesondere Krk-Stadt 46. In erster Linie werden **Souvenirs** verkauft, die nicht aus kroatischer Produktion stammen. Ausnahmen bilden etwa die Geschäfte **Drevno pero** (s. S. 21) in Cres-Stadt 4 und **Art Studio Patrikana** (s. S. 99) in Rab-Stadt 62. Auch das Label **Tramontana Wood Craft**, gefertigt auf der **Art Farm Filozići** (s. S. 16), empfiehlt sich für individuelle Mitbringsel.

Wer etwas Authentisches erwerben möchte, halte sich an Naturprodukte wie **Wein, Olivenöl oder Honig.** Sie sind wirklich „Made in Croatia" und werden entweder direkt vom Erzeuger oder in Geschäften angeboten,

080kv-fk

Darf's ein kroatischer Kräuterschnaps als Mitbringsel sein?

082kv-fk

Töpferwerkstatt in Krk-Stadt 46

z. B. in solchen der Kette **Aura** (www.aura.hr). Man achte auf entsprechende Hinweisschilder: *med* (Honig), *vino* (Wein) und *maslinovo ulje* (Olivenöl).

Hübsche sommerliche **Mode und Accessoires** verkaufen die Geschäfte der Ladenkette **Aqua Maritime** (https://aquamaritime.hr), die in Mali Lošinj 18, Punat 50 (Krk) und Rab-Stadt 62 vertreten ist.

Natur erleben

Um die besondere Natur der Kvarner Inseln zu verstehen, genügt ein Blick auf die Karte oder ein Satellitenbild: Denkt man sich das Meer weg und stattdessen Täler hinzu, wie sie sich auch auf dem Festland im Wechsel mit Gebirgszügen finden, dann sind die Kvarner Inseln keine vereinzelten Eilande mehr, sondern Teil der Festlandsmasse, die das Meer einst überflutet und damit isoliert hat. Genau das ist im Verlauf der letzten **Eiszeit** passiert: Der Meeresspiegel stieg an, das Wasser flutete die Täler und machte die ehemaligen Gipfelregionen zu Inseln. Das bedeutet, dass sich weder **Geografie** noch **Flora und Fauna** der einzelnen Eilande groß unterscheiden, besitzen sie doch denselben Ursprung.

Für den dennoch vorhandenen Unterschied ist der **Wind** verantwortlich. Die **Bura** (manchmal auch italienisch als *Bora* bezeichnet) ist ein von Norden bzw. Nordosten wehender, kalter Fallwind, der die nord- und nordostwärts ausgerichtete Küstenlinie der Kvarner Inseln mit ihren eisigen, salzgeschwängerten Stößen stellenweise so glatt geschliffen hat, dass sich hier weder Flora noch Fauna angesiedelt haben. **Grauer, abgeschmirgelter Fels** prägt vor allem auf den Inseln Krk und Rab das dem Festland zugewandte Inselgesicht. Doch trügt der Schein, denn hinter der Felsbarriere entfalten auch Krk, Rab und Cres eine erstaunliche **Pflanzen- und Landschaftsvielfalt.**

Charakteristisch sind ferner **Karstphänomene** wie **Höhlen** (z. B. Meraška jama, s. S. 24, oder Špilja Biserujka 45), **Dolinen** (Sinkhöhlen) und **Poljen** (Becken mit ebenem Boden). Da die Inseln aus **Kalkstein** bestehen, versickert Regen- und Oberflächenwasser und beginnt unterirdisch, wo es auf weniger durchlässige Schichten trifft, sein Erosionswerk. So entstehen Hohlräume, die irgendwann einstürzen, ausgelöst durch Erdbewegungen oder Überlastung. In diesen Senken sammelt sich vom Wind angewehte, fruchtbare Erde. Pflanzen wurzeln darin und die Bauern legen **Felder** an. Solche Senken können klein und trichterförmig sein,

Kristallklares Wasser und Felsen sind typisch für die Region

084kv-fk

aber auch großflächig (z. B. *polje, doline*). Das **Weinbaugebiet Vrbničko polje** (s. S. 83) auf Krk ist ein gutes Beispiel für dieses Phänomen.

Seit Jahrhunderten werden genügsame **Schafe** gehalten, die mit den mageren Weiden zurechtkommen. Diese werden wie die Felder – Hauptanbauprodukt sind **Oliven** – durch **Trockenmauern** aus ohne Mörtel aufgeschichteten Feldsteinen abgegrenzt.

Dichte **Wälder** wie der **Dundo-Wald** (s. S. 100) aus Stein- und Flaumeichen, Manna-Eschen und wilden Oliven auf Rab sind selten; meist krallen sich genügsame **Macchia-Büsche und -Kräuter** wie Rosmarin, Oregano, Salbei, Lavendel und Zistrosen in die kargen Böden. Ab und an blinkt auch die endemische **Adria-Glockenblume** zwischen Kalksteinen hervor. Im Frühjahr überrascht die Macchia mit erstaunlicher Blütenfülle, im Sommer verbreiten die Kräuter ihre aromatischen Düfte. Neben den kultivierten Oliven bilden Eichen und Kiefern die typischen **Baumarten** der Inseln: Bei den Eichen sind es vorwiegend Stein- und Flaumeichen, bei Kiefern findet man neben den weit verbreiteten Aleppokiefern auch die majestätischen Schwarzkiefern.

Groß ist die Vielfalt an **Eidechsen** und **Schlangen**, wobei es auf Cres und Lošinj keine Giftschlangen gibt. **Gänsegeier** *(Gyps fulvus)* sind die Symbolvögel dieser Landschaft. Sie ernähren sich von Kadavern (besonders von verendeten Schafen) und nisten in den Küstenfelsen von Cres und den Krk vorgelagerten Inseln Plavnik und Prvić (69). In Belis Geierzentrum (2) lernt man die Besonderheiten ihres Lebensraums kennen.

Könige der reichen Unterwasserfauna sind die **Großen Tümmler** *(Tursiops truncatus)*. Die Delfine halten sich gerne im Umfeld der Insel Lošinj auf und werden vom Blue World Institute (28) in Veli Lošinj (26) beobachtet.

Thunfische, deren Wanderungen die Inselbewohner früher von den *tunera* genannten Leitern aus beobachteten, stellen in der überfischten Adria heute eine Seltenheit dar.

083kv-fk

Oliven werden vielerorts in der Kvarner Inselwelt kultiviert

081kv-fk

Zwei Kormorane machen es sich auf einem Felsen gemütlich

Von den Anfängen bis zur Gegenwart

Die geschichtliche Entwicklung der vier Inseln variiert nur leicht, bedingt durch das Potenzial, welches das jeweilige Eiland bot. Sichere Häfen waren ein wichtiger Entwicklungsgrund, fruchtbares Hinterland, das mit Rohstoffen versorgte, ein weiterer. Heute steht auf allen vier Kvarner Hauptinseln der Tourismus im Vordergrund.

10.000 v. Chr. bis 3. Jh. v. Chr.: Steinwerkzeuge und Knochen, die in Höhlen wie der Vela jama am Westhang des Gebirgszugs Osoršćica 17 (Insel Lošinj), auf Cres und Krk gefunden werden, verweisen aufs Neolithikum. Zwischen dem 2. und 1. Jahrtausend v. Chr. beginnen die zu den Illyrern zählenden Liburner damit, ihre Ringsiedlungen auf Hügelkuppen zu errichten. Um das 5. Jh. kommen sie in Kontakt mit griechischen Kauffahrern.

3. Jh. v. Chr. bis 3. Jh. n. Chr.: Ab dem 3. Jh. v. Chr. bekämpft Rom die Liburner, um deren Piraterie in der Adria einzudämmen. Um das 1. Jh. v. Chr. sind die Kvarner Inseln erobert.

5. Jh.: Byzanz tritt die Nachfolge Roms an. Auf den Inseln werden zahlreiche frühchristliche Kirchen errichtet, so z. B. die Basilika Mirine bei Omišalj 35 auf Krk.

Ab dem 7. Jh.: Kroatische Volksgruppen wandern in das Gebiet ein und lassen sich zumeist als Hirten und Bauern im Inselinneren nieder.

11. Jh.: Venedig erobert Krk und setzt im 12. Jh. das lokale Fürstengeschlecht der Frankopanen als Statthalter ein. Diese bauen Krk-Stadt 46 aus. In den folgenden Jahrhunderten wechseln sich venezianische und kroatische Herrschaft ab.

15. Jh.: Venedig übernimmt endgültig die Kontrolle über die Kvarner Inseln. Die Folge ist eine Blüte des Handels und des Schiffsbaus. Städte wie Krk oder Rab 62 erhalten neue Wehranlagen. Loggien und der geflügelte Markuslöwe schmücken die Plätze.

1797: Napoleons Truppen bringen Venedig zu Fall und erobern 1806 die Kvarner Inseln. Nach einer kurzen französischen Episode, in der vor allem Festungen entstehen (z. B. in Veli Lošinj 26), übernimmt das Habsburger Reich die Kontrolle.

1814–1918: Unter der K.-u.-k.-Monarchie entwickelt sich vor allem Lošinj zu einem Kurort für Asthma- und Lungenkranke, aber auch für die feine Gesellschaft.

1918: Nach einem kurzen italienischen Interregnum werden die Kvarner Inseln dem neu gebildeten Königreich Jugoslawien zugeschlagen.

1942: Auf der Insel Rab errichten die italienischen Faschisten ein Konzentrationslager (s. S. 99).

1945: Nach dem Zweiten Weltkrieg gehen die Eilande in der Sozialistischen Volksrepublik Jugoslawien auf.

1948–1988: Die Krk vorgelagerten Eilande Sv. Grgur und Goli otok dienen als Gefängnisinseln für politisch missliebige Frauen und Männer (s. S. 93).

1991: Nach dem Auseinanderbrechen der Volksrepublik in den Balkankriegen der 1990er-Jahre sind die Kvarner Inseln Teil der unabhängigen Republik Kroatien.

1996: Der Fund einer fast vollständig erhaltenen, spätantiken Statue eines Apoxyomenos (s. S. 40) in den Gewässern vor Lošinj gleicht einer Sensation.

2013: Kroatien tritt nach langwierigen Verhandlungen der EU bei.

2020: Auch die Kvarner Inseln trifft die Corona-Pandemie. Die Infektionszahlen sind aber durchgängig sehr niedrig.

2023: Mit Eintritt in den Schengenraum führt Kroatien den Euro ein und die Grenzkontrollen entfallen weitgehend.

PRAKTISCHE REISETIPPS

085kv-fk

An- und Rückreise

Mit dem Flugzeug

Der **Flughafen Rijeka** befindet sich **auf der Insel Krk** und wird nur im Sommerhalbjahr von Billigfliegern wie Eurowings angesteuert. **Croatia Airlines** verbindet Rijeka im Sommer über Zagreb mit verschiedenen deutschen, österreichischen und Schweizer Zielen.

› **Rijeka Airport** <233> Hamec 1, Omišalj, Tel. 051 842040, www.rijeka-airport.hr

Zum Urlaubsort nimmt man entweder ein **Taxi** oder steigt in den **Shuttlebus** nach Omišalj 35, von wo man man in andere Städte weiterreisen kann. Wer sich ein Auto leihen möchte, findet im Flughafengebäude Büros diverser **Mietwagenanbieter.**

Mit dem Auto

Die Anfahrt erfolgt **via Österreich** (Tauernautobahn, Karawankentunnel, Autobahn und Tunnel vignetten- bzw. mautpflichtig, Infos: www.asfinag.at) **und Slowenien** (Vignetenpflicht, Infos: www.adac.de) nach Kroatien (Autobahngebühr an Zahlstellen zu entrichten). In Kroatien folgt je nach Zielinsel eine **Fährpassage** (nach Cres, Lošinj und Rab) oder man passiert die **Brücke Krčki most** (s. S. 60) zur Insel Krk.

In Slowenien muss auch tagsüber mit **Abblendlicht** gefahren werden, in Kroatien wird dies ebenfalls empfohlen (eine Pflicht besteht nur im Winterhalbjahr). Weitere Hinweise online:

› www.adac.de

› www.oeamtc.at

Vorseite: Ein Taxiboot befördert Gäste auf die Insel Ilovik 31

Mit Bahn und Bus

Zugverbindungen nach **Rijeka** mit Umstieg in **Villach** und **Ljubljana/Slowenien** bestehen von verschiedenen deutschen und österreichischen Bahnhöfen. Die einzige Direktverbindung ist die mit dem **Nachtzug** Nightjet (www.nightjet.com) von Stuttgart oder München. Aus der Schweiz fährt man ab **Zürich** in Richtung **Graz** und steigt in **Schwarzach St. Veit** nach Rijeka um. Flixbuslinien verbinden verschiedene Orte Mitteleuropas mit Rijeka.

Von Rijeka gibt es **Katamaranverbindung** nach Lošinj und Rab sowie nach Cres und auf die kleineren Inseln (Infos: www.jadrolinija.hr).

Informationen und Preisvergleich zu **Fernbussen:**

› www.busliniensuche.de (auch als App für Android und iOS)

Mit der Fähre

Cres, **Lošinj**, **Krk** und **Rab** sind über mehrere Häfen durch **Auto- und Passagierfähren sowie Katamarane** mit dem Festland und untereinander verbunden. Auf die Insel **Krk** führt außerdem eine **Brücke** von Kraljevica aus. Eine **Drehbrücke** (s. S. 30), die zweimal am Tag für passierende Boote geöffnet wird, verbindet zudem **Lošinj** mit Cres.

Auf die kleineren Inseln **Susak** 32 und **Unije** 34 gelangt man von Rijeka oder Mali Lošinj 18 mit der Personenfähre bzw. dem Katamaran. Die Meerenge zwischen Lošinj und **Ilovik** 31 überqueren Fähren und Taxiboote.

Die **Fahrzeiten** sind in der Regel kurz (15–30 Min.), nur die Überfahrt von Krk nach Rab kann bis zu einer Stunde dauern. Auch die Anreise nach Susak und Unije ist etwas zeitaufwendiger (ca. 1½–2 Std.).

Die **Preise** für die Beförderung von Passagieren und Fahrzeugen sind günstig (z. B. Überfahrt von Brestova/Festland nach Porozina/Cres: Erw. 4,50 €, Pkw 20 €).

In der **Hochsaison** sind vor allem die Autofähren häufig überlastet, daher sollte man mit eigenem Fahrzeug frühzeitig am Hafen ankommen und sich anstellen. Achtung: Das Ticket beinhaltet keine Platzreservierung.

Hier eine Liste der **Abfahrts- und Ankunftshäfen** (F = Autofähre, P = Passagierfähre/Katamaran) und sonstigen Anreisemöglichkeiten:

- **nach Cres:** Brestova/Festland – Porozina (F), Valbiska/Krk – Merag (F)
- **nach Lošinj:** Rijeka/Festland – Mali Lošinj (P), Brücke bei Osor 13 /Cres
- **nach Krk:** Merag/Cres – Valbiska (F), Lopar/Rab 60 – Valbiska (F), Brücke bei Kraljevica/Festland
- **nach Rab:** Rijeka/Festland – Lopar (P), Valbiska/Krk – Lopar (F), Stinica/Festland – Mišnjak (F)
- **nach Ilovik:** Mrtvaška/Lošinj – Ilovik (P)
- **nach Susak und Unije:** Mali Lošinj – Susak bzw. Unije (P), Rijeka/Festland – Susak bzw. Unije (P)

Fähren wie Katamarane werden von **Jadrolinija** betrieben, einzig die Verbindung von Rab aufs Festland unterhält **Rapska plovidba.** Es empfiehlt sich, aktuelle Informationen zum Fährverkehr einzuholen. Immer wieder werden **Verbindungen ausgesetzt** und **neue aufgenommen. Fahrpläne** und aktuelle **Preise** liefern die folgenden Websites:

- www.jadrolinija.hr
- www.rapska-plovidba.hr (nur Verbindung Stinica – Mišnjak/Rab)

086kv-fk

Die Fähre nach Porozina auf Cres läuft im Hafen von Brestova ein

Autofahren

Mit dem **eigenen Fahrzeug** lassen sich die Kvarner Inseln am bequemsten bereisen und man erreicht selbst abgelegene Strände. Die meisten **Straßen** sind gut ausgebaut, zu Staus und Engpässen kommt es jedoch häufig an den Anlegestellen der Inselfähren. Die Mitnahme der Grünen Versicherungskarte wird empfohlen.

Parkplätze sind in den Orten ausgewiesen und in der Hochsaison meist gebührenpflichtig (Münzen sammeln, die Gebühr wird an Automaten bezahlt). Oft ist es dennoch schwierig, das Auto irgendwo abzustellen. Am besten parkt man dann am Ortsrand und geht zu Fuß. **Strafzettel** sollte man nicht auf die leichte Schulter nehmen und sofort bezahlen, sonst wird ein internationales Inkassoverfahren eröffnet, das ein Vielfaches kostet.

In den Inselhauptorten sind verschiedene **Mietwagenfirmen** vertreten. Einen Preisvergleich bietet z. B. www.billiger-mietwagen.de.

Die Kvarner Inseln sind ein beliebtes Ziel für **Wohnmobilreisende,** doch sollte man es vermeiden, mit dem Fahrzeug zu steile und enge Bergstrecken oder die schmalen Gassen der Innenstädte zu befahren.

Leider werden für das Übersetzen mit dem Wohnmobil nur wenige Fährpassagen angeboten, in der Kvarner Bucht nur Valbiska – Lopar von Krk nach Rab. Daher ist es gerade mit Wohnmobil ratsam, sich zeitig vor der Abfahrt am Hafen in die Warteschlange einzureihen.

Das **Tankstellennetz** ist engmaschig und alle Benzinsorten sind erhältlich. Das Preisniveau liegt etwa 20% unter dem Mitteleuropas. Wer Diesel tanken möchte, sollte zu *Eurodiesel* greifen, mit *Dizel* wird Lkw-Diesel bezeichnet.

Bei **Unfällen** sollte man unbedingt die Polizei hinzuziehen und ein Protokoll erstellen lassen:

- **Notruf/Polizei:** Tel. 112
- **Pannenhilfe:** Tel. 004989222222 (ADAC-Mitglieder), Tel. 00385987 (kroatische Pannenhilfe)

Barrierefreies Reisen

Holprige Gassen, felsige Strände – die äußeren Bedingungen der Kvarner Inselwelt kommen Menschen mit Behinderung nicht entgegen. Kroatien tut zwar einiges dafür, die Situation zu verbessern, dennoch ist vielerorts mit Problemen zu rechnen. In **größeren Ferienorten** finden sich durchaus **barrierefreie Zugänge ins Meer** ebenso wie **behindertengerechte Hotelzimmer.** In den meisten Fällen aber wird man auf Hilfe angewiesen sein.

Diplomatische Vertretungen

- **Botschaft der Bundesrepublik Deutschland,** ul. grada Vukovara 64, 10000 Zagreb, Tel. +385 (0) 16300100, www.zagreb.diplo.de
- **Österreichische Botschaft,** Radnička cesta 80, 9. Stock, 10000 Zagreb, Tel. +385 (0) 14881050, www.bmeia.gv.at/oeb-agram
- **Schweizerische Botschaft,** ul. Augusta Cesarca 10, 10000 Zagreb, Tel. +385 (0) 14878800, Helpline EDA Tel. +41 800 247365, www.eda.admin.ch/zagreb

Elektrizität

Die **Netzspannung** beträgt, wie überall in Europa, 230V/50Hz. In älteren Hotelanlagen bzw. Ferienwohnungen benötigt man unter Umständen einen **Adapter** für Südeuropa; meist sind diese aber bereits an der Steckdose vorhanden.

Geldfragen

Währung und Zahlungsmittel

Mit Jahresbeginn 2023 trat Kroatien dem Schengen- und Euroraum bei. Gelegentlich sind Preise noch in der alten Landeswährung Kuna angeschlagen, sie werden beim Bezahlen umgerechnet: 7,5 Kuna entsprechen 1 Euro.

Geld wechseln kann man direkt bei der Bank, im Hotel und in Wechselstuben *(mjenjačnice).* Letztere erheben allerdings meist eine Gebühr oder legen einen schlechteren Kurs zugrunde.

Kreditkarten aller gängigen Anbieter werden, außer in kleinen Lebensmittel- und Tabakläden, so gut wie überall akzeptiert. Auch mit der Debitkarte (in Deutschland auch als **Girocard** bekannt) kann man vielerorts bargeldlos bezahlen.

Das Geldabheben am **Geldautomaten** *(bankomat)* ist in allen größeren Orten möglich.

Debitkarten (Girocard) und Kreditkarten

Debitkarten mit Maestro-Funktion sind noch bis zu ihrem Laufzeitende gültig, werden aber seit Juli 2023 sukzessive gegen sogenannte Mastercard-Debit-Karten ausgetauscht, mit denen man ebenfalls im Ausland zahlen und Geld abheben kann. Unter Umständen fallen für Auslandszahlungen Gebühren an. Man sollte sich bei der jeweiligen Bank oder beim Kreditkarteninstitut über die Kosten informieren.

Für das **Geldabheben** im EU-Ausland gelten die gleichen Konditionen wie in Deutschland. Wie hoch die Kosten sind, hängt von der eigenen Bank ab und sollte vor der Reise erfragt werden. Es kann jedoch vorkommen, dass Geldautomatenbetreiber im jeweiligen Land zusätzliche Gebühren erheben. Die Höhe der Kosten muss am Automaten vor der Bestätigung der Abhebung angezeigt werden.

Preisniveau und Kosten

Kroatien ist in vielen Bereichen längst kein preiswertes Urlaubsland mehr. Auf den Kvarner Inseln sind die Kosten durch den erhöhten Transportaufwand für Güter noch etwas höher als auf dem Festland. Doch wer auf dem Markt lokales Obst und Gemüse, frisches Brot beim Bäcker oder Fleisch und Wurst beim Metzger einkauft, wird überrascht sein, wie preiswert **Lebensmittel** sind.

Fahrkarten für Busse und Fähren sind günstig – ca. 12,50 € für die Katamaranpassage von Rijeka nach Rab sind ein guter Preis. Auch der **Museumseintritt** übersteigt selten 3–4 €.

Trotz vieler **Restaurants** in den Urlaubsorten scheint es keine richtige Preiskonkurrenz zu geben. Das Niveau ist ähnlich, mit Schwankungen von 1–2 € und einem Durchschnittspreis für Vorspeise und Hauptgericht von 27 bis 33 €. Preiswert sind die Getränke, Mineralwasser ebenso wie Hauswein.

Bei den **Unterkunftspreisen** wird ordentlich zugelangt. Erstens, weil die meisten in den letzten Jahren sanierten und neu errichteten Hotels mindestens Vier-Sterne-Niveau haben und zweitens, weil die Preise in der **Hochsaison** (Juli, August, manchmal auch Juni) um rund 50 % steigen. Ver-

Kvarner Inseln preiswert

- Beim Essen kann man beispielsweise mit einer **Marenda** sparen, einem festen Mittagsmenü zum Sonderpreis, das viele Restaurants anbieten. Da werden selbst hungrige Mägen für rund 10 € satt.
- Eine Geldfalle stellen unter Umständen die **Strände** dar, an denen Liegen und Schirme vermietet werden. Da aber Strände in Kroatien allen Besuchern zugänglich sein müssen, kann man es sich mit eigener Strandausrüstung zwischen den fest installierten Schirmen bequem machen und **muss nichts bezahlen.**

mieter von Ferienwohnungen und auch Campingplätze folgen diesem Trend. Andererseits muss man zugestehen, dass sich Ausstattung und Komfort deutlich verbessert haben.

In den meisten Orten wird eine **Kurtaxe** von wenigen Euro pro Übernachtung erhoben; oft übernehmen die Beherbungsbetriebe die Gebühr.

Informationsquellen

Infostellen auf den Inseln

Offizielle **Touristeninfostellen** heißen in Kroatien Turistička zajednica, kurz **TZ**, manchmal auch **TZG** oder **TOC**. In häufig „Tourist Info" genannten Reiseagenturen, die Serviceleistungen wie Zimmervermittlung und Buchung von Ausflügen anbieten, werden Kunden nicht neutral beraten.

Eine zentrale Touristeninformation gibt es nicht. Die Adressen der **lokalen Infobüros** finden sich im ersten Teil des Buches bei den jeweiligen Orten unter „Infos und Reisetipps".

Kvarner Inseln im Internet

Websites der einzelnen Inseln bzw. Hauptorte siehe dort unter „Infos und Reisetipps".

- **www.kvarner.hr:** offizielle Internetpräsenz des Tourismusverbands der Kvarner Bucht mit Hintergründen, Reiseinfos und nützlichen Adressen für die gesamte Region, inkl. dem Festland (auch auf Deutsch)
- **http://de.croatia.hr:** offizielle Website der Tourismusorganisation Kroatiens mit Infos zu Sehenswürdigkeiten, Unterkünften und Aktivitäten auch für die Kvarner Inseln (auch auf Deutsch)
- **www.kroati.de/kroatien-kvarner/reisefuehrer.html:** umfangreiche Website eines Reiseunternehmens zu einzelnen Inseln und Orten, Stränden, Sehenswürdigkeiten und Sportmöglichkeiten sowie Buchungsmöglichkeit beworbener Unterkünfte

Publikationen und Medien

Wanderkarten (Maßstab 1:25.000) gibt es von Smand für die Inseln Lošinj, Cres, Krk und Rab.

Deutschsprachige Zeitungen sind an Kiosken in den größeren Orten erhältlich. Der Sender **Glas Hrvatske** („Stimme Kroatiens") sendet **Nachrichten auf Deutsch** (Programm unter https://glashrvatske.hrt.hr/de). In den meisten Hotels lassen sich deutsche Fernsehsender empfangen.

Trotz Google und Konsorten: Einige Unwägbarkeiten bleiben

093kv-fk

Internet

Die **Netzabdeckung** ist auch auf den Inseln sehr gut, ausgenommen natürlich einsame Bergschluchten oder abgelegene Weiler.

So gut wie jedes **Hotel, Restaurant** oder **Café** teilt sein **WLAN** gerne mit seinen Gästen. Einfach das Passwort erfragen! In einigen Touristenzentren gilt der gesamte **Innenstadtbereich** oder zumindest der Hauptplatz als kostenloser Hotspot.

LGBT+

Kroatien ist trotz der zur Schau getragenen Liberalität ein ebenso **katholisches** wie **konservatives Land**, dessen männliches Rollenbild stark vom Machismo geprägt ist. Gleichgeschlechtliche Ehen sind nicht möglich, Lebenspartnerschaften (mit dem Recht auf Adoption) hingegen schon. In den kleinen Inselorten ist etwas Zurückhaltung im Auftreten empfohlen, wenn man Konfrontationen vermeiden möchte.

Unsere Literaturtipps

- **„Bora: Eine Geschichte vom Wind“** erzählt Ruth Cerha in diesem autobiografischen Roman, der auf der Insel Susak angesiedelt ist (Frankfurter Verlagsanstalt 2015).
- **„Mord im Felsenmeer“** nennt die deutsch-kroatische Autorin Ranka Nicolić ihren spannenden Kroatienkrimi, in dem Ermittlerin Sandra Horvat aus Rijeka auf der Insel Krk ermitteln muss (Blanvalet Verlag 2019). Weitere Bände spielen in Istrien und in der Hafenstadt Rijeka.
- **„Europa erlesen“** heißt eine Anthologie-Reihe aus dem Wieser Verlag. Die handlichen Bändchen versammeln lesenswerte Texte aus verschiedenen Jahrhunderten zu der jeweiligen Region, so auch zu den Kvarner Inseln (Hrsg.: Gero Fischer u. Miloš Okuka, Klagenfurt 2007).

Maße und Gewichte

Die Kroaten verwenden das metrische System mit zwei kleinen Ergänzungen: Ein *deci* entspricht 0,1 Liter, ein *deka* 10 Gramm.

Medizinische Versorgung

Die medizinische Versorgung ist gut, viele Ärzte und Apotheker sprechen englisch oder sogar deutsch. Die medizinische Leistung ist nicht immer durch die europäische Gesundheitskarte gedeckt. Manchmal müssen Patienten **bar bezahlen** und erhalten die Kosten gegen **Vorlage der Rechnung** von ihrer Krankenkasse ganz oder teilweise erstattet.

Medizinischer Dienst für Touristen (Turistička ambulanta)

- **Turistička ambulanta Krk** <234> Vinogradska 2 B, Tel. 099 6094089
- **Turistička ambulanta Mali Lošinj** <235> Dominika Skopinića 4, Tel. 051 445276
- **Turistička ambulanta Cres** <236> Turion 26, Cres-Stadt, Tel. 051 571077
- **Krankentransporte:** Tel. 194

Apotheken (Ljekarna)

Apotheken sind kenntlich an einem **grünen Kreuz auf weißem Grund.** Einige der hier angegebenen sind auch am Wochenende geöffnet:

- **Ljekarna Jadran (Cres)** <237> trg Frane Petrića 4, Cres-Stadt, Tel. 051 571243
- **Ljekarna Jelka Janeš (Krk)** <238> Vela placa 3, Krk-Stadt, Tel. 051 221133
- **Ljekarna Muškardin (Lošinj)** <239> Riva lošinjskih kapetana, Mali Lošinj, Tel. 051 231661
- **Ljekarna Načeta (Rab)** <240> Srednja ul. 15, Tel. 051 724121

Mein Tipp

Ausflug in die Tierwelt

Was tun an einem **Regentag?** Vielleicht helfen das Tropische Aquarium und das benachbarte Aquarium Terrarium dabei, die Langeweile zu überbrücken. Tropenfische wie der Clownfisch, Katzenhaie und Piranhas bilden in hübsch gestalteten Aquarien die **tropische Unterwasserwelt** ab. Im **Aquarium Terrarium** werden Flora und Fauna von Süßgewässern sowie Reptilien aus aller Welt präsentiert, darunter eine *Boa constrictor* und ein Leguan.

Alternativ bietet sich auch das **Aquarium in Baška** (s. S. 88) an.

- **Tropisches Aquarium Krk (Tropski akvarij)** <241> Matje Gupca 1, Tel. 098 211630, www.akvarij-krk.com.hr, geöffnet: tgl. April, Okt. 10–15, Mai–Sept. 10–17 Uhr, Eintritt: Erw. 6 €, Kinder 5–12 Jahre 4 €, Kinder unter 5 Jahren frei
- **Aquarium Terrarium Krk** <242> ul. Stjepana Radića 2 c, Tel. 098 211630, www.aquariumkrk.com, geöffnet: April, Okt. tgl. 10–15, Mai–Sept. tgl. 10–17 Uhr, Eintritt: Erw. 7 €, Kinder 5–12 Jahre 4 €, bis 5 Jahre frei

Mit Kindern unterwegs

Vergnügungsparks sucht man auf den Kvarner Inseln vergebens. Sie sind jedoch auch gar nicht nötig, denn an den **Stränden** gibt es ja genügend zu sehen, zu erleben und zu unternehmen. Kleinkinder mögen an den typischen Kiesstränden vielleicht das Sandburgenbauen vermissen, dafür lassen sich in Felsspalten und Wasserlöchern sowie unter Kieselsteinen allerlei Krebse, kleine Fische oder Muscheln entdecken. Voraussetzung sind allerdings **Badeschuhe,** damit der Sprössling sich nicht wehtut oder gar in einen Seeigel tritt. Im ersten Teil des Buches werden die Strände des Archipels genauer beschrieben – dort steht auch, ob diese jeweils für Familien mit Kindern geeignet sind.

Kindgerechte Sehenswürdigkeiten finden sich nicht so häufig – aber eine **Burgruine** wie **Gradec** 54, die **Tropfsteinhöhle Špilja Biserujka** 45 oder das **Zentrum für Gänsegeier** 2 in Beli 1 können ältere Kinder durchaus spannend finden. Kleine Wasserratten freuen sich vielleicht über einen Aufenthalt im **Čikat Aquapark** (s. S. 44) auf Lošinj.

In den **Restaurants** sind Kinder Könige: Fast überall wird auf Wunsch Kindgerechtes zubereitet.

Notfälle

Notrufnummern

- **Notruf allgemein:** Tel. 112 (auch aus dem Mobilfunknetz)
- **Polizei:** Tel. 192
- **Krankenwagen:** Tel. 194
- **Feuerwehr:** Tel. 193
- **Pannenhilfe:** Tel. 1987

Polizeidienststellen

- **Policijska postaja Cres** <243> šet. 20. travnja 8, Cres-Stadt, Tel. 051 430722
- **Policijska postaja Krk** <244> Kralja Tomislava 10, Krk-Stadt, Tel. 051 439210
- **Policijska postaja Lošinj** <245> Dubovica 1, Mali Lošinj, Tel. 051 439410
- **Policijska postaja Rab** <246> Palit 144 A, Rab-Stadt, Tel. 051 439810

Kartensperrung

Bei **Verlust der Debit-/Giro-, Kredit- oder SIM-Karte** gibt es für Kartensperrungen eine **deutsche Zentralnummer** (unbedingt vor der Reise klären, ob die eigene Bank bzw. der jeweilige Mobilfunkanbieter diesem Notrufsystem angeschlossen ist). **Aber Achtung:** Mit der telefonischen Sperrung sind die Bezahlkarten zwar für die Bezahlung/Geldabhebung mit der PIN gesperrt, nicht jedoch für das **Lastschriftverfahren mit Unterschrift.** Man sollte daher auf jeden Fall den Verlust zusätzlich bei der Polizei zur Anzeige bringen, um gegebenenfalls auftretende Ansprüche zurückweisen zu können.

In **Österreich** und der **Schweiz** gibt es keine zentrale Sperrnummer, daher sollten sich Besitzer von in diesen Ländern ausgestellten Debit- oder Kreditkarten vor der Abreise bei ihrem Kreditinstitut über den zuständigen Sperrnotruf informieren.

Generell sollte man sich immer die **wichtigsten Daten** wie Kartennummer und Ausstellungsdatum **separat notieren,** da diese unter Umständen abgefragt werden.

- **Deutscher Sperrnotruf:** Tel. +49116116 oder Tel. +493040504050
- **Weitere Infos:** www.kartensicherheit.de, www.sperr-notruf.de

Öffnungszeiten

Die Öffnungszeiten touristischer Institutionen wie Touristeninformation, Museum, Souvenirshop etc. hängen von der **Saison** ab. Viele bleiben im Winter ganz geschlossen. Kleinere Museen, die nicht zu den Top-Highlights zählen, halten sich oft nicht an die offiziell ausgewiesenen Zeiten.

Die Öffnungszeiten von **Infobüros und Banken** variieren ferner mit Größe und Bedeutung des Ortes. In den Inselhauptstädten sind sie meist Montag bis Freitag von 9 bis 12/13 Uhr und von 15 bis 17/18 Uhr geöffnet, in den Sommermonaten Juli/August nachmittags auch später, also etwa von 16 bis 19 Uhr.

Geschäfte öffnen meist zwischen 9 und 10 (außer Lebensmittelläden und Bäckereien, die oft bereits um 7 Uhr aufmachen) und sind – mit kurzer oder längerer **Mittagspause** – bis 20, oft sogar bis 22 Uhr geöffnet.

Die meisten **Restaurants** sind in der Hochsaison täglich von morgens bis abends geöffnet – nur einige Feinschmeckerlokale leisten sich eingeschränkte Öffnungszeiten. In der Nebensaison wird oft nur abends oder an Wochenenden geöffnet.

Post

Postfilialen in den Inselhauptorten sind ganztägig und oft auch sonntags **geöffnet,** in kleineren Orten meist nur Montag bis Samstag und häufig nur vormittags von 9 bis 14 Uhr. Auf **www.posta.hr** finden sich Adressen und Öffnungszeiten der Filialen.

Die **Briefmarke** *(poštanska marka)* für Postkarten oder Briefe nach Deutschland, Österreich oder in die Schweiz kostet bis 50 g 0,58 €.

Sprache

Neben **Kroatisch** wird in den meisten Fremdenverkehrsorten **Englisch, Italienisch** und oft auch **Deutsch** verstanden und gesprochen. Speisekarten sind häufig mehrsprachig. In vielen Museen sind Exponate nur auf Kroatisch beschriftet.

Eine **Sprachhilfe** mit den wichtigsten landessprachlichen Floskeln befindet sich im Anhang (s. S. 134). Empfehlenswert ist ferner der Kauderwelsch-Sprachführer „Kroatisch – Wort für Wort“ (Reise Know-How Verlag).

Telefonieren

In der EU gibt es keine Roaminggebühren mehr. Damit ist das Telefonieren und Surfen mit dem Handy im EU-Ausland so günstig wie zu Hause – es sei denn, man nutzt das Handy im Ausland über einen längeren Zeitraum hinweg, dann können je nach Anbieter Nutzungsobergrenzen gelten.

Das kroatische **Telefonbuch** ist online unter dem Link https://imenik.tportal.hr einsehbar.

Vorwahlen

- **Kroatien:** 00385
- **Deutschland:** 0049
- **Österreich:** 0043
- **Schweiz:** 0041

Touren

Bei den meisten organisierten Touren handelt es sich um **Bootsausflüge**, beispielsweise zu einsamen Strandbuchten (z. B. uvala Sv. Ivan auf Cres, s. S. 23) oder zur Klosterinsel Košljun 51 auf Krk. Interessant sind Bootstouren zur **Geierbeobachtung** auf Cres (Pension Tramontana, s. S. 15) oder kombinierte Bade- und Ausflugsfahrten z. B. auf die Inseln Prvić 59 und Goli otok (s. S. 93). In den Hafenbecken touristischer Orte wie Mali Lošinj 18 stehen unzählige **Anbieter** für Ausflugsfahrten bereit.

Spannend sind ferner **Kajaktouren** rund um die Insel Rab, die **Sea Kayak Croatia** (s. S. 106) veranstaltet. Ebenso sind die **Bikeausflüge** rund um Baška 58 auf Krk empfehlenswert, die **Zen Adventures** (s. S. 89) offeriert.

089kv©Goran, stock.adobe.com

Unterkunft

Hotelanlagen besitzen Drei- und Vier-Sterne-Standard. Pauschal über Veranstalter gebucht sind sie günstiger als vor Ort und individuell, wo man mit etwa 100 € pro DZ und Nacht rechnen muss.

Privat vermietete Zimmer, Apartments oder Ferienhäuser bilden die große Mehrheit der Unterkünfte. Vermietet werden sie entweder direkt (Angebote auf den Websites der örtlichen Tourismusverbände oder vor Ort in den Tourismusbüros anfragen) oder über Buchungsplattformen wie www.booking.com oder www.airbnb.com.

An Pensionen, Guesthouses und Mittelklassehotels herrscht eher Mangel, ebenso an Hostels und Jugendherbergen.

Campingplätze, auch speziell für FKK-Jünger, sind zahlreich und mit hohem Standard vertreten. Campingführer wie etwa vom ADAC präsentieren eine Auswahl nach diversen Qualitätskriterien. Eine Auflistung und Bewertung der Plätze (auf Englisch) bietet die kroatische Website www.camping.hr.

Die **Unterkunftspreise** steigen in der **Hochsaison** (Juli/August, manchmal auch Juni) um rund 50 %. Zudem wird häufig eine **Kurtaxe** (s. S. 126) erhoben.

Konkrete Übernachtungsempfehlungen finden sich im ersten Teil des Buches jeweils unter dem Stichwort „Unterkünfte" bzw. „Unterkunft".

Die Kvarner Inselwelt lässt sich hervorragend mit dem Seekajak erkunden

Buchungsportale

Neben Buchungsportalen für **Hotels** (z. B. www.booking.com, www.hrs.de oder www.trivago.de) bzw. für **Hostels** (z. B. www.hostelworld.com) gibt es auch Anbieter, bei denen man **Privatunterkünfte** buchen kann. Portale wie www.airbnb.de oder www.wimdu.de vermitteln Wohnungen, Zimmer oder auch nur einen Schlafplatz auf einer Couch. Diese oft recht günstigen Übernachtungsmöglichkeiten sind nicht unumstritten, weil manchmal normale Wohnungen gewerblich missbraucht werden. Einige Städte greifen deshalb regulierend ein.

Verkehrsmittel

Fährverkehr

Fähren und Katamarane der Gesellschaften Jadrolinija und Rapska plovidba verbinden die Inseln untereinander und mit dem Festland. Details hierzu stehen unter „An- und Rückreise" (s. S. 122).

Busse auf den Inseln

Busse fahren **vom Festland**, z. B. von **Rijeka** aus, die größeren Inselorte an. Die **Busverbindungen** zwischen den größeren Orten sind gut ausgebaut, ins Inselinnere und zu kleineren Orten fahren die Busse deutlich seltener. Teilweise verkehren die Busse auch auf die Nachbarinseln. Vorwiegend sind Fahrzeuge der Unternehmen Arriva und Autotrans (heute Teil von Arriva) im Einsatz.

Busstationen und Zielorte stehen bei den jeweiligen Orten unter „Infos und Reisetipps". **Tickets** kauft man entweder online oder direkt im Bus.

Diese sind vergleichsweise günstig. So kostet die ca. 20 km lange Fahrt von Nerezine 16 nach Mali Lošinj 18 ca. 5–6 €.

Busfahrpläne gibt es in den Büros der Touristeninformation (s. S. 126) oder auf den Websites der Busunternehmen, hier ist auch eine Ticketreservierung bzw. Onlinebuchung möglich:

- www.arriva.com.hr/de-de/home
- www.buscroatia.com/de

Taxis

Taxis findet man meist in der Stadtmitte, vor allem an den Fährhäfen und Busstationen. Der **Grundpreis** ist regional unterschiedlich und beträgt durchschnittlich 3 €, der gefahrene Kilometer 1,50 €. Alle Taxi-Unternehmen bieten auch **Rundtouren** an, der Preis ist Verhandlungssache.

Wetter und Reisezeit

Kroatiens Küste ist geprägt vom **Mittelmeerklima** mit langen, warmen und trockenen Sommern (Juni bis September), regenreicherem, aber mildem Frühjahr und Herbst sowie nasskalten Wintern, in denen der Nordostwind **Bura** (s. S. 118) empfindliche Temperaturstürze herbeiführen kann.

Wer gerne aktiv ist, wandert und Rad fährt, ist in den Monaten **Mai/Juni** und **September/Oktober** richtig. Die Tagestemperaturen steigen dann selten über 28 °C und nachts kühlt es angenehm ab.

Bei einer Reise im **Juli/August** beachte man die Ferientermine. Dann herrscht Highlife in den Urlaubsorten und Platzmangel an den Stränden.

Die angenehmste Reisezeit sind die Monate Juni und September, je nach Gesamtwetterlage auch weit in den Oktober hinein. Leere Strände, ruhige Ferienorte und günstige Preise – was kann schöner sein?

Wetter auf den Kvarner Inseln

Durchschnitt	Jan	Febr	März	Apr	Mai	Juni	Juli	Aug	Sept	Okt	Nov	Dez
Maximale Temperatur	9°	10°	12°	16°	21°	25°	28°	28°	24°	19°	13°	10°
Minimale Temperatur	3°	3°	6°	9°	13°	16°	19°	19°	15°	11°	7°	4°
Regentage	11	9	10	12	12	12	9	9	10	11	12	12
Wassertemperatur	11°	11°	12°	14°	17°	21°	23°	24°	22°	20°	16°	13°

Streetfood à la Kvarner Inseln: Schinken zum Mitnehmen

ANHANG

090kv-fk

Kleine Sprachhilfe

Die folgenden Wörter und Redewendungen wurden dem Reisesprachführer „Kroatisch – Wort für Wort" (Kauderwelsch-Band 98) aus dem REISE KNOW-HOW Verlag entnommen.

Eine Liste der im Buch verwendeten geografischen Angaben und Abkürzungen findet sich auf S. 8.

Besonderheiten der Transkription

Einige Buchstaben der kroatischen Schrift werden anders ausgesprochen als im Deutschen; des Weiteren gibt es mehrere diakritische Zeichen:

c	ausgesprochen wie das deutsche z
z	ausgesprochen wie das deutsche s in Sache
ć	ausgesprochen wie das deutsche tz
č/Č	ausgesprochen wie das deutsche tsch in Tschechien
š/Š	ausgesprochen wie das deutsche sch
ž/Ž	ausgesprochen wie das deutsche dsch in Dschungel
đ/Đ	ausgesprochen wie dj in Djerba

Häufig gebrauchte Wörter und Redewendungen

Zahlen

0	*nula*
1	*jedan*
2	*dva*
3	*tri*
4	*četiri*
5	*pet*
6	*šest*
7	*sedam*
8	*osam*
9	*devet*
10	*deset*
11	*jedanaest*
12	*dvanaest*
13	*trinaest*
14	*četrnaest*
15	*petnaest*
16	*šesnaest*
17	*sedamnaest*
18	*osamnaest*
19	*devetnaest*
20	*dvadeset*
21	*dvadeset jedan*
22	*dvadeset dva*
23	*dvadeset tri*
30	*trideset*
40	*četrdeset*
50	*pedeset*
60	*šezdeset*
70	*sedamdeset*
80	*osamdeset*
90	*devedeset*
100	*sto*
101	*sto jedan*
102	*sto dva*
120	*sto dvadeset*
200	*dvjesto*
300	*tristo*
400	*četrsto*
500	*petsto*
600	*šesto*
700	*sedamsto*
800	*osamsto*
900	*devetsto*
1000	*tisuća*

Die wichtigsten Zeitangaben

jučer	gestern
danas	heute
sutra, ujutro	morgen
jutros	heute Morgen
u podne	mittags
poslijepodne	nachmittags
uvečer	abends
večeras/sinoć	heute/gestern Abend
noću	nachts

+++ Die wichtigsten Wörter mit dem Bonus-Audiotrack des Kauderwelsch-

svaki dan	täglich
ranije/kasnije	früher/später
sad(a)	jetzt
ponedjeljak	Montag
utorak	Dienstag
srijeda	Mittwoch
četvrtak	Donnerstag
petak	Freitag
subota	Samstag
nedjelja	Sonntag
siječanj, januar	Januar
veljača, februar	Februar
ožujak, mart	März
travanj, april	April
svibanj, maj	Mai
lipanj, juni	Juni
srpanj, juli	Juli
kolovoz, august	August
rujan, septembar	September
listopad, oktobar	Oktober
studeni, novembar	November
prosinac, decembar	Dezember

Die wichtigsten Floskeln und Redewendungen

da	ja
ne	nein
molim/ izvolite	bitte/ um etwas bitten
hvala	danke
Hvala također!	Danke gleichfalls!
Dobar dan!	Guten Tag!
Dobrodošli!	Herzlich willkommen!
Bolje Vas našli!	(Antwort)
Kako ste?	Wie geht es Ihnen?
Dobro, hvala.	Danke gut.
Pa, nažalost, loše.	Leider schlecht.
Doviđenja!	Auf Wiedersehen!
Bog!	Hallo!
Ćao!	Tschüss!
U redu!	In Ordnung!
Ne znam.	Ich weiß nicht.
Dobar tek!	Guten Appetit!
Živjeli!	Zum Wohl! Prost!
Dozvolite!	Erlauben Sie!
Oprostite!	Entschuldigung!
Veoma mi je žao!	Es tut mir sehr leid!
Molim Vas, pomoćite mi!	Bitte helfen Sie mir!

Die wichtigsten Fragewörter

tko?	wer?
koga?	wen?
komu?	wem?
s kim?	mit wem?
što?	was?
čemu?	wozu?
čime/s čim?	womit?
gdje?	wo?
odakle?	woher?
kamo?	wohin?
kuda?	wo entlang?
kako?	wie?
koliko?	wie viel?/ wie sehr?
pošto?	wie teuer?
zašto?	warum?
kad(a)?	wann?
otkad(a)?	seit wann?
do kad(a)?	bis wann?/ wie lange?

Die wichtigsten Richtungsangaben

desno	(nach) rechts
lijevo	(nach) links
pravo/ravno	geradeaus
sve dalje	immer weiter
daleko	weit
raskrsnica	Kreuzung
u centru	im Zentrum
(odmah) ovdje	(gleich) hier
tamo	dort
nazad/natrag	zurück
prekoputa	gegenüber
blizu	nah
semafor	Ampel
izvan grada	außerhalb der Stadt
(baš) tu	(genau) da
iza ugla	um die Ecke

Die wichtigsten Fragen

Ima li ...?	Gibt es ...?
Imate li ...?	Haben Sie ...?
Tražim ...	Ich suche ...
Treba mi ...	Ich brauche ...
Dajte mi, molim, ...	Geben Sie mir bitte ...
Gdje se može kupiti ...?	Wo kann man ... kaufen?
Koliko košta ...? *Pošto je ...?*	Wie viel kostet ...?
Pošto je to?	Wie viel kostet das?
Gdje je ...?	Wo ist ...?
Kako se ide u ...?	Wie kommt man nach ...?
Koja cesta vodi do ...?	Welche Straße führt nach ...?
Koji vlak ide za ...?	Welcher Zug fährt nach ...?
Je li ovo vlak za ...?	Ist dies der Zug nach ...?
Gdje prolazi autobus za ...?	Wo fährt der Bus nach ... ab?
Kada polazi autobus/vlak?	Wann fährt der Bus/Zug ab?
Odvezite me, molim vas, do ...	Fahren Sie mich bitte zu/nach ... (im Taxi)

Begrüßung und Abschied

Dobar dan!	Guten Tag!
Dobro jutro!	Guten Morgen!
Dobro veče!	Guten Abend! 'n Abend!
Laku noć!	Gute (Leichte) Nacht!
Doviđenja!	Auf Wiedersehen!
Zbogom!	Lebewohl. (Mit Gott!)
Ćao!	Ciao! Hallo! und Tschüss!

Nichts verstanden? – Weiterlernen!

Slabo govorim hrvatski.	Ich spreche kaum Kroatisch.
Molim?	Wie bitte?
Govori li ovdje itko engleski?	Spricht hier jemand Englisch?
Kako se to kaže ...	Wie heißt das ...
... na hrvatskom?	... auf Kroatisch?
... na njemačkom?	... auf Deutsch?
... na engleskom?	... auf Englisch?
... na francuskom?	... auf Französisch?
Ponovite, molim Vas!	Wiederholen Sie bitte!
Govorite sporije, molim!	Sprechen Sie bitte langsamer!
Možete li mi to napisati?	Können Sie mir das bitte aufschreiben?

Essen und Trinken

gostionica	Gaststätte
restoran	Restaurant, Speisegaststätte
kavana	Café
bar	Bar: Theke, wenige Sitzplätze
kafić	modisches Café oder Kneipe für Jugendliche
slastičarnica	Konditorei: Süßwaren, Säfte, Kaffee, kein Alkohol
čevabdžinica	Čevapčići-Imbiss
buregdžinica	Burek-Imbiss
jelovnik	Speisekarte
iznutrice	Innereien
mozak	Hirn
tripice, fileci	Kutteln, Pansen
jetra	Leber vom Grill
pršut	Räucherschinken
burek	Blätterteigtasche mit Hackfleisch oder Käse
gibanica	Strudel mit Nüssen, Äpfeln und Quark
grah	Bohnensuppe
ribe	Fische
bakalar	Stockfisch
škampe	Scampi
dagnje	Miesmuscheln
ostrige	Austern
sipa	Tintenfisch groß
lignje	Tintenfisch klein
riblja juha	Fischsuppe
Fali nam ...	Uns fehlt ...
... pribor za jelo	... Essbesteck
... žlica/vilica	... ein Löffel/eine Gabel
... nož	... ein Messer
... tanjur	... ein Teller
... čaša/šalica	... ein Glas/eine Tasse
Donesite nam ... bijelo/crno vino.	Bringen Sie uns Weiß-/Rotwein.
... dvije šljivovice.	... zwei Sliwowitz.
... jedan vinjak.	... einen Weinbrand.
... tri piva.	... drei Bier.
... gemišt, bevandu.	... Weinschorle.
... gusti sok.	... trüben Obstsaft.
... oranžadu.	... Limo.
... limunadu.	... Zitronenlimo.
... vruću rakiju.	... heißen Schnaps.
... svakom po kavu.	... jedem einen Kaffee.
Platiti, molim./Račun, molim.	Zahlen, bitte./Die Rechnung, bitte.

Register

T

U

V

W

Z

Impressum

Daniela Schetar, Friedrich Köthe

InselTrip Kvarner Inseln

2., neu bearbeitete und aktualisierte Auflage 2024

ISBN 978-3-8317-3799-4

Printed in Germany

Druck und Bindung:
mediaprint solutions GmbH, Paderborn

Herausgeber: Ulrich Kögerler, Klaus Werner
Layout: amundo media GmbH (Umschlag, Inhalt), Peter Rump (Umschlag)
Lektorat: amundo media GmbH
Karten: Ingenieurbüro K. Wendler, amundo media GmbH
Anzeigenvertrieb: KV Kommunalverlag GmbH & Co. KG, Alte Landstraße 23, 85521 Ottobrunn, Tel. 089 928096-0, info@kommunal-verlag.de
Kontakt: Osnabrücker Str. 79, 33649 Bielefeld, info@reise-know-how.de

Alle Angaben in diesem Buch sind gewissenhaft geprüft. Preise, Öffnungszeiten usw. können sich jedoch schnell ändern. Für eventuelle Fehler übernehmen Verlag wie Autoren keine Haftung.

Bildnachweis

Umschlagvorderseite: ©Leonid Tit, stock.adobe.com | Umschlagrückseite: ©leszekglasner, stock.adobe.com | Umschlagklappe rechts: Friedrich Köthe

Soweit ihre Namen nicht vollständig am Bild vermerkt sind, stehen die Kürzel an den Abbildungen für die folgenden Fotografen, Firmen und Einrichtungen. Friedrich Köthe: fk

Kvarner Inseln mit PC, Smartphone & Co.

QR-Code auf dem Umschlag scannen oder **www.reise-know-how.de/inseltrip/kvarner24** eingeben und die **kostenlose Web-App** aufrufen (Internetverbindung zur Nutzung nötig)!

★**Anzeige der Lage und Satellitenansicht aller** beschriebenen Sehenswürdigkeiten und weiteren Orte
★**Routenführung** vom aktuellen Standort zum gewünschten Ziel
★**Exakter Verlauf** der empfohlenen Wanderungen
★**Audiotrainer** der wichtigsten Wörter und Redewendungen
★**Updates** nach Redaktionsschluss

GPS-Daten zum Download

Die GPS-Daten aller Ortsmarken und Wanderungen stehen auf der Produktseite des Titels auf www.reise-know-how.de zum Download zur Verfügung.

Inselplan für mobile Geräte

Um den Inselplan auf Smartphones und Tablets zu nutzen, empfehlen wir die App „Avenza Maps" der Firma Avenza™. Über die Funktion „Store" kann die „Islandmap Kvarner 2024" kostenlos geladen werden.

Die Information über und die Bereitstellung von digitalen Zusatzinhalten (z. B. Web-App, Links, GPS-Tracks o. Ä.) ist eine freiwillige Zusatzleistung des Verlages, auf die kein Anspruch besteht und für deren Richtigkeit aufgrund der Veränderlichkeit solcher Informationen auch nicht gehaftet werden kann. Insbesondere behält sich der Verlag deshalb vor, die Bereitstellung und die Zugriffsmöglichkeit zeitlich zu befristen und den Zugriff hierauf auch vorfristig abzuschalten.

Zeichenerklärung

- Hauptsehenswürdigkeit
- Bergwerk
- Burg, Schloss
- Camping
- Erhebung
- Flughafen
- Hafen
- Höhle, Grotte
- Kirche, Kapelle
- Krankenhaus, Arzt
- Leuchtturm
- Museum
- Naturschutzgebiet
- Rundblick
- Sehenswürdigkeit
- Strand
- Tauchspot

Wanderungen 1 bis 4 (s. S. 109)

Bewertung der Attraktionen

★★★ nicht verpassen
★★ besonders sehenswert
★ wichtig für speziell interessierte Besucher